Découvrez des Jeux Gratuits en Ligne

Disponible Ici :

BestActivityBooks.com/FREEGAMES

5 ASTUCES POUR DÉMARRER !

1) COMMENT RÉSOUDRE LES MOTS MÊLÉS

Les puzzles sont dans un format classique :

- Les mots sont cachés sans espaces, tirets, ...
- Orientation : Les mots peuvent être écrits en avant, en arrière, vers le haut, vers le bas ou en diagonale (ils peuvent être inversés).
- Les mots peuvent se chevaucher ou se croiser.

2) UN APPRENTISSAGE ACTIF

Un espace est prévu à côté de chaque mots pour noter la traduction. Pour favoriser un apprentissage actif un **DICTIONNAIRE** à la fin de cette édition vous permettra de vérifier et étendre vos connaissances. Cherchez et notez les traductions, trouvez-les dans le Puzzle et ajoutez-les à votre vocabulaire !

3) MARQUEZ LES MOTS

Vous pouvez inventer votre propre système de marquage. Peut-être en utilisez-vous déjà un ? Sinon, vous pourriez, par exemple, marquer les mots qui ont été difficiles à trouver d'une croix, ceux que vous avez aimés d'une étoile, les mots nouveaux d'un triangle, les mots rares d'un diamant, etc...

4) STRUCTUREZ VOTRE APPRENTISSAGE

Cette édition vous offre un **CARNET DE NOTES** très pratique à la fin du livre. En vacances ou en voyage ou à la maison, vous pouvez facilement organiser vos nouvelles connaissances sans avoir besoin d'un second bloc-notes !

5) VOUS AVEZ FINI TOUTES LES GRILLES ?

Allez à la section bonus **CHALLENGE FINAL** pour trouver un jeu gratuit à la fin de cette édition !

Simple et Rapide ! Découvrez notre collection de livres d'activités pour votre prochain moment de détente et **d'apprentissage**, à juste un clic de distance !

Trouvez votre prochain défi sur :

BestActivityBooks.com/MonProchainLivre

À vos marques, prêts... Partez !

Saviez-vous qu'il existe environ 7 000 langues différentes dans le monde ? Les mots sont précieux.

Nous aimons les langues et avons travaillé dur pour créer les livres de la plus haute qualité pour vous. Nos ingrédients ?

Une sélection des thématiques d'apprentissage adaptée, trois belles parts de divertissement, puis nous ajoutons une cuillère de mots difficiles et une pincée de mots rares. Nous les servons avec soin et un maximum de plaisir pour vous permettre de résoudre les meilleurs jeux de mots mêlés qui soient et d'apprendre en vous amusant !

Votre avis est essentiel. Vous pouvez participer activement au succès de ce livre en nous laissant un commentaire. Nous aimerions vraiment savoir ce que vous avez préféré dans cette édition !

Voici un lien rapide qui vous mènera à la page d'évaluation de vos commandes :

BestBooksActivity.com/Avis50

Merci pour votre aide et amusez-vous bien !

De la part de toute l'équipe

1 - Été

```
M U Z I K A I X J D F F P F
P U S H I M E H H M R P Z Y
L S S V S C Z C A I F Ç M P
B T A H P D X A U Q F L K V
M M N I Q G D K O H A O O H
Q G D E T I D V Z M M D P W
I D A L Y Y M T L I I H S A
Q L L O L I B R A B L J H O
W Y E J X H F I E Y J E T O
Q E G Ë Z I M G L N E Y G O
Q R T R Q K A M P I N G B N
J P L A Z H Z H Y T J E W T
D T U K O H A E L I R Ë I I
U D H Ë T I M I W P V W H J
```

MIQ	DET
KAMPING	MUZIKA
YJET	USHQIM
FAMILJE	PLAZH
KOPSHT	ZHYTJE
LOJËRA	ÇLODHJE
GËZIM	SANDALE
LIBRA	PUSHIME
KOHA E LIRË	UDHËTIMI

2 - Adjectifs #2

```
I  F  A  M  S  H  Ë  M  P  N  A  D  P  T
E  L  E  G  A  N  T  E  Ë  A  U  R  Ë  Ë
G  O  I  K  R  E  N  A  R  T  T  A  R  T
Ë  R  F  K  B  L  G  Z  G  Y  E  M  S  A
R  Z  O  E  B  P  V  M  J  R  N  A  H  L
E  K  R  I  P  U  R  U  E  O  T  T  K  E
X  N  T  H  A  T  Ë  T  G  R  I  I  R  N
S  M  Ë  D  H  R  Z  N  J  E  K  K  U  T
F  A  Y  I  P  A  S  T  Ë  R  E  E  E  U
I  S  H  Ë  N  D  E  T  S  H  Ë  M  S  A
P  R  O  D  U  K  T  I  V  E  I  R  I  R
K  R  I  J  U  E  S  W  V  J  X  N  T  Y
M  E  Q  I  F  U  Q  I  S  H  Ë  M  S  P
I  N  T  E  R  E  S  A  N  T  E  C  P  P
```

AUTENTIKE	NATYRORE
I FAMSHËM	I RI
KRIJUES	PRODUKTIVE
PËRSHKRUES	I FUQISHËM
TË TALENTUAR	I PASTËR
DRAMATIKE	PËRGJEGJËS
ELEGANTE	I SHËNDETSHËM
KRENAR	E KRIPUR
I FORTË	I EGËR
INTERESANTE	THATË

3 - Exploration

```
J P E K S I T I M K K U G A
D Z Ë W G R I W D Ë U D V K
W T E R R E N I S R L H C T
M R M R T R O U W K T Ë P I
Q B Q Z R Ë E H J I U T W V
U D N G J E M Z L M R I P I
U R Y J M Z Z Ë I Q A M G T
W Z B U L I M I S K T I U E
L O D H J E A G Q U S O X T
H A P Ë S I R Ë C E A H I I
B Z I R I E G Ë R I T R M R
P A N J O H U R B Z E H G E
V E N D O S M Ë R I K P Z R
K A F S H Ë T A G J Z R I L
```

AKTIVITETI
KAFSHËT
PËR TË MËSUAR
GUXIM
KULTURAT
RREZIQET
ZBULIMI
VENDOSMËRI
HAPËSIRË
EKSITIM

LODHJE
PANJOHUR
GJUHË
I RI
RREZIKSHME
KËRKIM
I EGËR
TERRENI
UDHËTIMI

4 - Formes

```
S S A Y E N W P H A R K X A
F K H B C U D O I Q O S H E
E P A E D Y S L P P V D B L
R W I J S Q M I E R A R C I
Ë C L R E H L G R I L E O P
X I S R A T I O B Z E J L S
V L L E N M Z N O Ë Q T P L
G I C T Ë C I I L M W K O N
U N Q H V G E D A H H Ë R O
A D K U B E A W A C G N E B
J R O C Q T J X D P L D R O
L I N J Ë K U R V E V Ë R B
T R E K Ë N D Ë S H C S H M
J U D F V N A E T B V H Z L
```

HARK
SKAJET
SHESHI
RRETH
QOSHE
KURVE
KON
ANË
KUBE
CILINDRI

ELIPS
HIPERBOLA
LINJË
OVALE
POLIGONI
PRIZËM
PIRAMIDA
DREJTKËNDËSH
SFERË
TREKËNDËSH

5 - Salle de Bains

```
P A R F U M N U B I Y D W F
P Q W S H A M P O A T C E L
D E H Q Q D Q X S W N O S L
U A S S A P U N F P W J V U
S V T H X B X F U A M Q Ë S
H U E P Q Z C R N S L J G K
O L Y P R I O X G Q Q U F A
D L W A U T R L J Y W J W P
F B V Q B U O G E R K K U M
I H Y O I A F J R Ë C Y J I
K V T N N L L O C I O N I C
E X G K E E I L A V A M A N
A X F U T T R M L P E E H G
G Ë R S H Ë R Ë K W S B K Z
```

BANJË	PARFUM
FLLUSKA	RUBINET
GËRSHËRË	SAPUN
DUSH	PESHQIR
UJI	SHAMPO
SFUNGJER	QILIM
LAVAMAN	TUALET
LOCION	AVULL
PASQYRË	

6 - Adjectifs #1

```
N I A R O M A T I K E E B E
T D N M N G A T H Ë T B E R
Ë E E R B V G B F K I U A Ë
P N K R B I G A U K R K K N
A T Z A S P C B Z J I U T D
F I O R I H T I A V A R I Ë
A K T T H R Ë S O C H R V S
J E I I O Q R M V Z D B M I
S R K S L J H U E X E N O S
H Ë E T L L E I M A D H D H
Ë N T I Ë V Q Y K N Z U E M
M D K K P Z Ë J G U F A R E
X Ë L E A B S O L U T E N H
Y V E L Q P E R F E K T E P
```

ABSOLUTE	NDERSHËM
AKTIV	IDENTIKE
AMBICIOZE	E RËNDËSISHME
AROMATIKE	TË PAFAJSHËM
ARTISTIKE	I RI
TËRHEQËSE	NGATHËT
E BUKUR	E RËNDË
EKZOTIKE	I HOLLË
I MADH	MODERNE
BUJAR	PERFEKT

7 - Instruments de Musique

```
S L K G M P I A N O K Q D Z
A H L Y O A Q V U R I H D Y
K H A R P N R V Q V T W S E
S A R T L P G I H D A J R E
O R I V B M G G M N R F Z T
F M N O U A I W B B Ë B U Z
O O E O F N C J M F A G E G
N N T V B D Q T R O M B O N
Q I Ë I V O G O D I T J E K
E K L O S L E B A N J O A M
A Ë M L V I O L O N Ç E L O
M X J I O N T R U M B E T Ë
M L T N R Ë M G D A U L L E
C I F Ë V S F L A U T N M T
```

BANJO
FAGEG
KLARINETË
FLAUT
GONG
KITARË
HARMONIKË
HARP
OBOE
MANDOLINË

MARIMBA
GODITJE
PIANO
SAKSOFON
DAULLE
DAJRE
TROMBON
TRUMBETË
VIOLINË
VIOLONÇEL

8 - Échecs

```
K P S S A K R I F I C Ë T P
A I O F L I T K S L D B U Ë
M K F Z I O F M O A Y I R R
P Ë Q H R D J Y E N F G N T
I P M W R V A Ë B E K S E Ë
O A N S E F T T A P J U U M
N S W O G B P G R Q J L R Ë
V I F C U T S E D G X O K S
M V G J L O E T H E F J O U
B E C K L K Z J Ë R Y T H A
R S T R A T E G J I A A A R
E L E W T T Z F R D F R O I
T O K U N D Ë R S H T A R F
W C U A R D I A G O N A L E
```

KUNDËRSHTAR	E ZEZË
PËR TË MËSUAR	PASIVE
E BARDHË	PIKË
KAMPION	RREGULLAT
KONKURS	MBRET
SFIDAT	SAKRIFICË
DIAGONALE	STRATEGJIA
LOJË	KOHA
LOJTAR	TURNEU

9 - Herboristerie

```
B O R Z I L O K L L Z V D M
R O Z M A R I N Ë U Z P H A
I D O B I S H Ë M V L P U J
B H F D R A G U A P V E D D
J P Y Z T Q R I G O N M H A
X D B T W S C O R Y R A Ë N
N E N E X H I K M P M R R O
H D I K K A L U W Ë O O R Z
J T Q D O F Ë L T R U M Z Ë
K E T K P R S I W B E A L S
F O M M S A I N L Ë H T U Z
U J P H H N A A K R D I A G
U A P Ë T X H R E Ë V K A B
E Q U H R A J I X S B E Y Z
```

HUDHËR	BORZILOK
AROMATIKE	NENEXHIK
I DOBISHËM	RIGON
KULINARI	MAJDANOZ
DRAGUA	CILËSIA
KOPËR	ROZMARINË
LULE	SHAFRAN
PËRBËRËS	AROMË
KOPSHT	TRUMZË

10 - Véhicules

```
X D Y G L N H A M A K I N A
B I Ç I K L E T Ë E E U H H
R A F T Z N L Y T R A G E T
A U C E A N I J E O I F F N
K T K T U V K G V P N H P W
E O A V S G O M A L S K T N
T B M J O U P L Z A W D C Ë
Ë U I E R E T T O N N J S N
C S O P T O E K A Y P S K D
Y K N T J R R A S K E E U E
U F M M O T O R L K S K T T
T R A K T O R V Q M E I E Ë
P Z A M B U L A N C A H R S
P X Z I P C F N V A R K Ë E
```

AMBULANCA	MOTOR
AEROPLAN	ANIJE
VARKË	GOMA
AUTOBUS	RAFT
KAMION	SKUTER
KARVAN	NËNDETËSE
TRAGET	TAKSI
RAKETË	TRAKTOR
HELIKOPTER	BIÇIKLETË
METRO	MAKINA

11 - Camping

```
I  B  X  K  H  A  M  A  K  A  P  E  L  Ë
K  N  O  S  Ë  K  A  B  I  N  A  H  T  W
W  G  S  H  N  C  K  Ç  A  D  Ë  R  Y  E
T  L  C  E  A  X  M  A  L  G  W  B  Z  Z
Z  E  Y  N  K  H  E  T  F  A  N  A  R  J
B  V  Y  W  G  T  D  U  G  S  I  A  F  A
U  L  I  Q  E  N  I  F  P  B  H  B  C  R
S  H  A  V  E  Y  Z  F  A  L  E  Ë  C  R
U  A  O  Q  A  P  H  L  J  B  U  E  T  A
L  R  N  A  T  Y  R  A  I  B  P  Y  L  L
L  T  B  D  R  O  S  T  S  T  Z  U  Q  C
K  Ë  K  A  N  O  E  H  J  T  A  A  S  Z
G  J  U  E  T  I  A  A  E  U  R  R  T  Z
S  C  C  N  A  V  E  N  T  U  R  Ë  W  D
```

KAFSHËT	ZJARR
AVENTURË	PYLL
BUSULL	HAMAK
KABINA	INSEKT
KANOE	LIQENI
HARTË	FANAR
KAPELË	HËNA
GJUETIA	MAL
LITAR	NATYRA
PAJISJE	ÇADËR

12 - Écologie

```
U R D B K O A Z C B A C O N
W Y Y T S F B U R I M E T A
K Ë N E T Ë T N G M V L H T
O G E F L O R A M Ë U L A Y
M F L C H H P T M T L O T R
U A K O A J C Y M D L J Ë A
N U L X B B U R B E N E S P
I N I E I A R O I T E T I V
T Ë M D T K L R J A T I A M
E G A M A J S E E R A T L R
T I V P T A Z P T E R F B E
E B I M Ë S I A E H Ë R Z M
T H X D I V E R S I T E T I
C K J K N O V X A K D C P G
```

VULLNETARË
KLIMA
KOMUNITETET
DIVERSITETI
LLOJET
FAUNË
FLORA
GLOBALE
HABITAT
KËNETË

DETARE
MALET
NATYRA
NATYRORE
BIMËT
BURIMET
THATËSIA
MBIJETESA
BIMËSIA

13 - Astronomie

```
R N A S T R O N A U T F N L
R P Y I F A S T E R O I D I
E E L L X K M Z M P G C F L
Z K K O B E E Y E L G D I B
A U O P J T H S T A W I S N
T I Z X H Ë N A E N G E U S
I N M K O E S X O E D L P G
M O O B S T F I R T N L E J
I K S O B S E R V A T O R I
G S I Q I E L L Z G O R N T
F I A S T R O N O M K E O H
O G A L A K T I K Ë A A V Ë
M J E G U L L N A J A L A S
O N D Q G K E K L I P S U I
```

ASTEROIDI	HËNA
ASTRONAUT	METEOR
ASTRONOM	MJEGULLNAJA
QIELL	OBSERVATORI
PLOJËSI	PLANET
KOZMOSI	RREZATIMI
EKLIPS	DIELLORE
EKUINOKSI	SUPERNOVA
RAKETË	TOKA
GALAKTIKË	GJITHËSI

14 - Types de Cheveux

```
E E K A Ç U R R E L Q M L V
T M E N G J Y R Ë E N D U R
R B J O N D L T U L L A C T
A X N M D I I U M M T Y U E
S A R Z E H E S I C G G R Y
H H X X Q O R Z U E M T L F
Ë C K Z D L N Q E W F H S F
B O A Ë G L Y D J Z H A R G
S Y F R L Ë H R E O Ë T N J
F U E K R Q Y F Q I O Ë T A
I S Q F X Q I J Y Z M H B T
E B A R D H Ë M D V E P U Ë
I S H K U R T Ë R F G E T Z
I S H Ë N D E T S H Ë M Ë A
```

E BARDHË	GRY
BJOND	GJATË
CURLS	KAFE
SHKËLQIM	I HOLLË
TULLAC	E ZEZË
ME NGJYRË	ME ONDE
I SHKURTËR	I SHËNDETSHËM
BUTË	THATË
E TRASHË	ENDUR
KAÇURREL	

15 - Gymnastique

```
S V H R E Z U L T A T E T O
D H E R J T N P M P A U D I
U G K G J I M N A S T Ë T N
A J I A W B P H J K H S S D
R Y P F T P H O K R Q B H I
T Q I X O H P O L A Q R G V
X T A D Q R T P U H O W J I
W A F I I X C Ë F Ë N Z I D
Y R P M D Y Q Ë S T U E M U
S H L M H K M U Z I K A N A
P A K O M B I N I M E T A L
T R A J N E R U T I N Ë Z F
L E O T A R D Ë T B B M I U
S H K U M Ë S A S I O J H X
```

SHKATHTËSI
KRAHËT
HOOP
KOMBINIMET
SHKUMËS
TRAJNER
EKIPI
FORCË
GJIMNAZI

GJIMNASTËT
INDIVIDUAL
GJYQTAR
LEOTARDËT
DUART
MUZIKA
RUTINË
REZULTATET

16 - Mammifères

```
F  T  I  G  Ë  R  D  K  A  L  Ë  J  W  B
O  K  P  K  T  M  F  G  O  R  I  L  L  A
K  W  A  I  N  M  A  G  A  J  T  O  Z  L
S  H  R  N  U  S  D  J  T  B  O  O  E  E
F  T  I  D  G  J  T  I  H  C  L  T  B  N
D  N  U  A  D  U  D  R  L  A  J  G  Ë  A
D  U  U  Q  E  N  R  A  E  S  D  M  R  S
D  E  L  E  M  Z  M  F  P  U  X  F  V  P
M  E  L  U  A  N  I  Ë  U  J  D  G  I  C
A  E  L  E  C  M  R  V  R  K  I  K  H  Z
Y  W  E  F  E  K  C  E  I  U  Y  B  T  S
A  G  V  O  I  M  A  J  M  U  N  S  B  N
R  O  P  A  C  N  E  L  E  F  A  N  T  I
B  B  A  R  V  S  M  S  Q  F  O  K  S  M
```

BALENA	LEPURI
MACE	LUANI
KALË	UJKU
QEN	DELE
KOJOTË	ARIU
DELFIN	FOKS
ELEFANTI	MAJMUN
GJIRAFË	DEM
GORILLA	TIGËR
KANGUR	ZEBËR

17 - Sports

```
U  Y  B  G  K  N  S  E  Z  H  N  L  B  G
A  T  R  A  J  N  E  R  J  O  Z  Ë  I  O
J  B  D  J  W  I  F  X  V  K  B  V  Ç  L
H  L  H  D  O  A  M  I  C  E  A  I  I  F
C  O  A  E  M  X  R  N  T  J  S  Z  K  Z
G  J  I  M  N  A  Z  I  A  U  K  J  L  B
U  T  A  R  B  I  T  Ë  R  S  E  A  E  K
K  A  M  P  I  O  N  A  T  I  T  S  T  R
T  R  A  T  L  E  T  D  E  U  B  I  Ë  H
A  N  U  F  Y  N  U  B  N  J  O  H  K  W
R  E  A  J  Y  M  D  T  I  G  L  O  J  Ë
E  K  I  P  I  S  W  M  S  L  L  S  V  H
S  T  A  D  I  U  M  I  C  D  Q  H  V  T
B  E  J  S  B  O  L  L  I  S  S  M  T  Y
```

ARBITËR	GJIMNAZI
ATLET	GJIMNASTIKË
BEJSBOLLI	HOKEJ
BASKETBOLL	LOJË
KAMPIONATI	LOJTAR
TRAJNER	LËVIZJA
EKIPI	STADIUMI
FITUES	TENIS
GOLF	BIÇIKLETË

18 - Chocolat

```
M A L L W E S H I J S H M E
H A G J V K P G S P E K E T
A X L X B Z L I H Ë H I P K
K A K A O O U D E R I K R A
W A B G J T H K Q B D I E R
K R R H S I U T E Ë H R F A
A O K A O K R Z R R U I E M
L M F T M E C K X Ë R K R E
O Ë E D W E I S O S H Ë U L
R Y Ë O F V L F H K Y T A I
I W M U J W Ë E N I O P R G
T P B X O W S V J T J S A X
Ë C Ë Q L C I U V R M E I P
E D L C B E A R E C E T A G
```

E HIDHUR E PREFERUARA
KARAMELE SHIJE
KIKIRIKËT PËRBËRËS
KAKAO KOKOSI
KALORITË PLUHUR
KARAMEL CILËSIA
E SHIJSHME RECETA
E ËMBËL AROMË
MALL SHEQER
EKZOTIKE

19 - Mathématiques

```
D P A R A L E L O G R A M H H
R I P A R A L E L J Q S X V
E T A L G E K S P O N E N T
J H Y M J S I M E T R I Z P
T Y R R E T H E N C A E P E
K E X U O T A N T U B K O R
Ë S T C M A R P I N G U L I
N Ë S H E S H I S B K A I M
D H J E T O R E H D Ë C G E
Ë M T W R U V M U G N I O T
S B D Q I Q M P M O D O N Ë
H C P X A T S B Ë L E N I R
A P Q C A R I T M E T I K Ë
M T R E K Ë N D Ë S H B E Z
```

KËNDET
ARITMETIKË
SHESHI
RRETHENCA
DHJETORE
DIAMETRI
EKSPONENT
EKUACIONI
THYESË
GJEOMETRIA

PARALEL
PARALELOGRAM
PINGUL
PERIMETËR
POLIGONI
DREJTKËNDËSH
SHUMË
SIMETRI
TREKËNDËSH

20 - Mythologie

```
I  S  J  E  L  L  J  E  F  H  U  C  Q  X
K  R  I  J  E  S  A  T  H  O  G  K  N  T
I  C  P  F  A  Z  L  A  B  I  R  I  N  T
R  R  U  F  E  H  E  R  O  J  F  C  S  K
P  P  B  B  C  S  K  H  W  V  A  Z  Ë  R
A  Ë  R  U  E  L  U  F  T  Ë  T  A  R  I
V  R  X  M  B  S  I  M  E  H  K  R  K  J
D  B  W  B  Y  U  I  K  J  E  E  K  U  I
E  I  N  R  Z  I  L  M  W  R  Q  E  L  M
K  N  C  A  W  Q  O  L  E  N  Ë  T  T  N
Ë  D  T  E  S  S  T  C  I  T  S  I  U  M
S  Ë  V  D  E  K  S  H  Ë  M  I  P  R  N
I  S  X  H  E  L  O  Z  I  A  A  A  I  A  J
A  H  M  A  G  J  I  K  E  X  T  Y  K  B
```

ARKETIPI	LUFTËTARI
FATKEQËSI	HERO
SJELLJE	PAVDEKËSIA
KRIJIM	XHELOZIA
KRIJESA	LABIRINT
BESIMET	MAGJIKE
KULTURA	PËRBINDËSH
RRUFE	VDEKSHËM
FORCË	BUBULLIMA

21 - Restaurant #2

```
J D H J P I R U N B G T E U
E R Ë Z A E M V M A Z F S J
L E R U K Y T J R K X J H I
I K L X U U O Ë P A R M I E
K Ë M B L A R J I S X B J A
A A Q W L A T K J S T R S L
R C M S U P Ë J E L Y V H J
R T J A F U K T L K U Y M I
I N O L R W C A V R T G E W
G O B L U I B P K R I P Ë Z
E A F A T P E R I M E T I K
T M F T A D A R K A V E Z Ë
N L T Ë P E S H K S I E P H
Z M X I M O Q K H K P K B U
```

PIJE	TORTË
KARRIGE	AKULL
LUGË	PERIMET
DREKË	PETË
E SHIJSHME	VEZË
DARKA	PESHK
UJI	SALLATË
ERËZA	KRIPË
PIRUN	KAMARIER
FRUTA	SUPË

22 - Couleurs

```
N W C P A K Y K W A I Z S K
P H S X L H T Y Y C N V P A
U O B J E Z E V E R D H Ë F
R C R V J O L L C Ë I U O E
P Y O T I F E B E F G R I G
U A Z M O U E B A I O V D J
R N Ë D G K M Z A Z U R E E
S E P I A S A F E R T K N L
H F O U A I G L P Z D V L B
O X Q K B A E N L R Ë H V Ë
E K U Q E J N E O I Y E Ë R
J N F W G Q T B L U F F R F
Z K S N V L A S U N W N H C
D W M D Q J J S R I T Y R Y
```

AZURE	MAGENTA
BJEZE	KAFE
E BARDHË	E ZEZË
BLU	PORTOKALLI
PURPUR	ROZË
CYAN	E KUQE
FUKSIA	SEPIA
GRI	E GJELBËR
INDIGO	VJOLLCË
E VERDHË	

23 - Avions

```
L U N B T H M F S P Y M P C
X X D N X I A O R R I L A W
Z L Ë Ë B D R A T Y H A S J
K A R B U R A N T O J R A A
J R T A R O P F Q K R T G T
L T I J T G I E T Y A Ë J M
N Ë M R B J L K W M V S E O
C S I I M E O U L J E I R S
Q I E L L N T I V N N A N F
H I S T O R I P O H T F A E
T U L L U M B A C E U V Q R
D R E J T I M Z G R R A W Ë
F A I L I V Q H T L Ë L E R
U U Q R Z B R I T J E V Z Y
```

AJRI	DREJTIM
LARTËSI	EKUIPAZHI
ATMOSFERË	FRYJ
ULJE	LARTËSIA
AVENTURË	HISTORI
TULLUMBACE	HIDROGJEN
KARBURANT	MOTOR
QIELL	PASAGJER
NDËRTIMI	PILOT
ZBRITJE	

24 - Aventure

```
E N T U Z I A Z M I X A B U
R E K S K U R S I O N K E A
R V Ë S H T I R Ë S I T F V
E Y K I B F S I G U R I A S
Z S F I D A T S J P N V S I
I V Y M R T R I M Ë R I U M
K N A T Y R A L V R N T E U
S U G B U K U R I G Q E S N
H R S Ë Q A W I K A K T E D
M E P A Z A K O N T Ë I S Ë
E D E S T I N A C I O N I S
F I R I N H M M R T O R Q I
U D H Ë T I M E T J P E L G
Z U F I T I N E R A R I M R
```

AKTIVITETI	ITINERARI
BUKURI	GËZIM
TRIMËRI	NATYRA
E RREZIKSHME	I RI
DESTINACIONI	MUNDËSI
SFIDAT	PËRGATITJA
VËSHTIRËSI	SIGURIA
ENTUZIAZMI	BEFASUESE
EKSKURSION	UDHËTIMET
E PAZAKONTË	

25 - Ville

```
K M F S L Y L T P U M Q T R
Y Y F U R K E I R S Y I E E
C U A P K L D H B E W E A S
U L R E S I T T A R G F T T
D U M R A R N V B O A U R O
K L A M L T P E E B L R I R
A E C A L A U M M B E A I A
F S I R O N E N T A R E I N
E H O K N A X Q Z N I R J T
Q I A E H O T E L K U O C E
T T G T I J Z V R Ë P P K S
P Ë K L I N I K A D P O J P
C S H K O L L A W M L R G J
M U Z E T S Z T E G N T F X
```

AEROPORT	HOTEL
BANKË	LIBRARI
FURKE	TREGU
KAFE	MUZE
KINEMA	FARMACI
KLINIKA	RESTORANT
SHKOLLA	SALLON
LULESHITËS	SUPERMARKET
GALERI	TEATRI

26 - Cuisine

```
S T C Y I O A N W H Z M Y M
P K F J B B L J E P Q U Z V
V L H G R S F U N G J E R K
I L A C I S R E C E T A Y L
P C B T K H I Z O B N T I J
E N Ë A F K G R L U G Ë D E
C G L S U O O E D E R Ë Z A
E O H L R P R S H J I A P D
T T U V R I I M G A R R U R
Ë A S F Ë N F V Ë R Ë Q C Y
Z W H N O J E A U F S T B V
E J Q S K R R H C A B P J C
T H I K A F K X S S J Y C H
J X M L A C Q S U V F C B Y
```

SHKOPINJ
TAS
IBRIK
NGRIRËS
THIKA
ENË
LUGË
ERËZA
SFUNGJER
FURRË

FORKS
VUAJ
USHQIM
JAR
RECETA
FRIGORIFER
PECETË
PLATFORMË
GOTA

27 - Gentillesse

```
T X R R M I K P R I T Ë S T
W R J I R K U U M B U A M Ë
Z X J C Q I P Y J A I T I D
B A R S Q D T O Z D B A Q H
V U P K A C I X S D E Z Ë E
B S J P V M M N C A S S S M
T Ë D A S H U R G S U K O B
H O E C R G W R J H E N R S
Z K L I B Ë V K I U S U E H
R W Q E K Z B Z N R H W K U
K H J N R U W L Ë A Ë T Z R
L H F T X A F T Q W M E D E
I L I R B R N D E R S H Ë M
P R A N U E S T C E G H K D
```

DASHUR
TË DASHUR
MIQËSORE
KUJDES
GJINË
TË DHEMBSHUR
KUPTIM
I BESUESHËM

BUJAR
GËZUAR
NDERSHËM
MIKPRITËS
PACIENT
PRANUES
TOLERANT

28 - Corps Humain

```
C Q D M O G W V O W X G X X
R A K Y Ç R I E S X D O U H
G F Y T Y R A S Z U E J Q Z
J J X F S Q U H H N P A B H
A D U K O K Ë C E T R U R I
K B U Z Ë T L A G L I G L Y
Q B X C S Z E R V T R Y C H
D J I J M D Y O B X G C D S
C A Q P G T M L Ë K U R Ë S
H X S J B E J K R B E P V X
V C A O J Z E M R A D O R Ë
H U N D Ë G K E Y R Q A F Ë
D T J W X T Ë R L K W F C M
R F X K X N R N O F U L L A
```

GOJA	BUZËT
TRURI	DORË
KYÇRI	NOFULLA
QAFË	MJEKËR
BËRRYL	HUNDË
ZEMRA	VESH
GISHTI	LËKURËS
BARK	GJAK
SUP	KOKË
GJU	FYTYRA

29 - Épices

```
H N Z S S Q D P Q Q H A U X
C L K A N E L L Ë I U R P H
V E E H L P G U Q M D R S E
A R O M Ë Ë M L S N H Ë P N
A K A R D A M O M O Ë M E X
K N E N F O E E O N R Y C H
O J I R J V H B H K O S I E
R A T S R W P R W I F H K F
I M K R E I Y C G Y D K U I
A B X A R B Z Y K C K H Q L
N A H P I P E R O D R W U X
D L K F I X Y H P O I U S R
Ë L G J E E C F Ë O P X N P
R S H A F R A N R Z Ë N V J
```

KOSI	XHENXHEFIL
HUDHËR	ARRËMYSHK
E HIDHUR	QEPË
ANISE	SPEC I KUQ
KANELLË	PIPER
KARDAMOM	JAMBALL
KORIANDËR	SHAFRAN
QIMNON	AROMË
KERRI	KRIPË
KOPËR	

30 - Science

```
A T O M E F I Z I K A F H T
S H H L Y V O A U Z R A I Ë
Z S L F S F O S I L E K P D
L M I N E R A L E T T T O H
Z L H M O L E K U L A T T Ë
G T S L M T X X J C Y B E N
O R G A N I Z Ë M G I R Z A
M L A B O R A T O R K O A A
L E R V O I Y P O I L N N V
W E T N I V H Q Z M I A U I
E V R O J T I M V C M T G Z
A Z I A D K E N Q A A Y T B
G X O W Z A A T T T I R R H
K I M I K E D B I N H A Y E
```

ATOM
KIMIKE
KLIMA
TË DHËNA
EVOLUCIONI
FAKT
FOSILE
GRAVITETI
HIPOTEZA

LABORATOR
METODA
MINERALET
MOLEKULAT
NATYRA
VROJTIM
ORGANIZËM
GRIMCAT
FIZIKA

31 - Chats

```
Q O I J K V D B Y I D Q M C
E R E T F Y C I O Y F M O P
S I G A W D A S H U R F P K
H T Ë B L E S H I G F F J I
A Q R H A R H T O M L I N Ç
R A C F M N P A W T E D J M
A M S K U R E S H T A R Ë E
K N I S Y G J U E T A R F N
E C K U N S T K E H K H K D
I T U R P S H Ë M U U L I U
I P A V A R U R S A U P Q R
P E R S O N A L I T E T A G
P Y E M L Y H G Q F O J Z K
L X N E O X O K K W M S O M
```

DASHUR	I PAVARUR
GJUETAR	PAW
KURESHTARË	PERSONALITET
FLE	PAK
QESHARAKE	BISHT
FIJE	SHPEJT
I ÇMENDUR	I EGËR
LESH	MIU
THUA	I TURPSHËM

32 - Vêtements

```
P L A T F O R M Ë S R X V M
X O N O T S V E S H J E G B
S Z Z V Z E K S L B F E Z A
H W G J E R D A N P L F V T
A Q J S C X K N J A P U L H
L G N S G H A D T L N D Z D
L E X R R I P A B L K O R Ë
M O D A L N E L C T V R V X
Q P E T D S L E I O K E G B
B L Q A R T Ë O D G X Z P F
X T Q B P I Z H A M A A J W
U Y I K R X K B Y Z Y L Y K
K Ë M I S H Ë O W M Y I J K
P A N T A L L O N A U M M E
```

BYZYLYK	SKAJ
RRIP	PALLTO
KAPELË	MODA
MBATH	PANTALLONA
KËMISHË	TRIKO
BLUZË	PIZHAMA
GJERDAN	VESHJE
SHALL	SANDALE
DOREZA	PLATFORMË
XHINS	

33 - Arts Visuels

```
P I K T U R Ë K T Q Q Q K E
E X R P R J W Ë P Y E K R A
R Y Y Ë M G F M O M R J I F
S D E R I J B B R Y A F J N
P I V B A L T A T R M I I I
E D E Ë D A N L R D I D M S
K Z P R Y P D E E R K B T H
T A Ë J L S Y C T U Ë Z A K
I K R A L L L A K R O N R U
V F L T I Q N K F I L M I M
Ë R B I I S K U L P T U R Ë
T Z T U S S T I L O L A P S
Q Q G N O H T S E N E F P W
M A R K I T E K T U R Ë K C
```

ARKITEKTURË

LAPS

BALTA

KRIJIMTARI

ARTIST

FILM

QERAMIKË

PIKTURË

QYMYR DRURI

PERSPEKTIVË

KRYEVEPËR

KLISHE

KËMBALEC

PORTRET

DYLLI

SKULPTURË

PËRBËRJA

STILOLAPS

SHKUMËS

LLAK

34 - Méditation

```
F X Y K T P U W E Z P M R M
R U T U S R P A O K O I N I
Y Z G J U A R G F A S R L R
M Q O D N N G W Q N T Ë L Ë
Ë E H E T I P A Q E U N Ë S
M T N S V M D O W Y R J V I
A Ë X D T I E U N T A O I Z
R S K R O N A T Y R A H Z A
R I C T B R X S J M F J J K
J P U S E H E K R S T E A O
A P E R S P E K T I V Ë P N
V R O J T I M M U Z I K A E
J O Q Q A R T Ë S I P Y R T
H Q E L B E M O C I O N E T
```

PRANIMI	MENDORE
KUJDES	LËVIZJA
QETËSI	MUZIKA
QARTËSI	NATYRA
EMOCIONET	VROJTIM
ZGJUAR	PAQE
MIRËSI	PERSPEKTIVË
MIRËNJOHJE	POSTURA
ZAKONET	FRYMËMARRJA

35 - Littérature

```
E  K  S  A  N  E  K  D  O  T  Ë  A  P  P
N  A  R  R  A  T  O  R  U  E  C  U  Ë  Ë
P  O  E  T  I  K  E  U  O  M  X  T  R  R
T  R  A  G  J  E  D  I  L  A  X  O  S  F
D  D  W  X  E  P  N  S  E  A  O  R  H  U
B  R  M  C  E  M  O  T  Y  F  R  H  K  N
R  I  R  C  W  T  R  I  L  L  I  M  R  D
M  I  O  A  D  I  A  L  O  G  U  D  I  I
H  C  M  G  N  Y  X  I  S  C  V  R  M  M
M  X  A  Ë  R  A  K  R  A  H  A  S  I  M
E  D  N  A  N  A  L  O  G  J  I  A  T  P
R  I  T  Ë  M  V  F  I  V  Z  A  H  Q  V
P  O  E  M  Ë  C  I  I  Z  N  R  P  D  Y
M  E  T  A  F  O  R  A  A  A  N  Y  B  B
```

ANALOGJIA	METAFORA
ANALIZA	NARRATOR
ANEKDOTË	POEMË
AUTOR	POETIKE
BIOGRAFIA	RIMË
KRAHASIM	ROMAN
PËRFUNDIM	RITËM
PËRSHKRIM	STILI
DIALOGU	TEMA
TRILLIM	TRAGJEDI

36 - Nourriture #1

```
D O I O Y A C D W L D S S C
N I H M S W L M K I E A U Q
V R R E P Ë T I V M P L P C
T A S O S D U S Q O H L Ë V
G Q R I G L A H P N K A F E
K H U D H Ë R R W I P T E N
R A V T U N A M D B N Ë L F
I Y R A V G Z S P H J A B B
P M O R S W G H W Y Ë Y Q P
Ë N P M O Y Q E P Ë L Q B V
S G U M T T D Q U M Ë S H T
Y Y R V V W A E G V M A S G
L U L E S H T R Y D H E S X
B O R Z I L O K A N E L L Ë
```

HUDHËR   RREPË
BORZILOK   QEPË
KAFE   ELB
KANELLË   DARDHË
KARROTA   SALLATË
LIMON   KRIPË
SPINAQ   SUPË
LULESHTRYDHE   SHEQER
LËNG   TUNA
QUMËSHT   MISH

37 - Jours et Mois

```
G G O D T X M C F R L Q O K
U U D T Q E D I E L G C S M
B P S D T M T H G Q O Y K U
I J S H T A T O R C U A A A
E F F K T R K O R R I K L J
P R I L L T J E E N J T E L
R Q D H L Ë A M H A Q N N W
E A J A D A N Ë Ë F M L D I
M T S J S M A R N R B P A D
T N D Z A Y R K Ë A W T R K
E B W I W V N U M Q F H N F
O K T C U M A R S H K U R T
E S H T U N Ë Ë N Ë N T O R
Q E R S H O R V Y J E Z P C
```

GUSHT	E MARTË
PRILL	MARS
KALENDAR	E MËRKURË
E DIEL	MUAJ
SHKURT	NËNTOR
JANAR	TETOR
E ENJTE	E SHTUNË
KORRIK	JAVA
QERSHOR	SHTATOR
E HËNË	E PREMTE

38 - Championnat

```
Q Ë N D R U E S H M Ë R I G
U M U L G F T U R N E U D J
D E O O E K I P I P O R M Y
R D J J M L M N V Z J G J Q
T A M Ë B N T R A J N E R T
E L M R A H Z O N L I G A A
K J W A U P A F Q O I D M R
A A I D P P S I K J X S O F
M P B M K A M P I O N A T I
P K W C H D J E R S Ë R I T
I S P O R T E T B K H H V O
O P E R F O R M A N C A I R
N S T R A T E G J I A O M E
U I X Y Z C C Z L F B D I E
```

KAMPION	MEDALJA
KAMPIONATI	MOTIVIMI
QËNDRUESHMËRI	PERFORMANCA
TRAJNER	SPORTET
EKIPI	STRATEGJIA
FINALIST	TURNEU
LOJËRA	DJERSË
GJYQTAR	FITORE
LIGA	

39 - Pirates

```
V B M L E G J E N D A O C R
Z Q Z B K F L A M U R Q K S
H K Z M R O E R K C U E E Z
Q B V Y M E T V T N M A Q I
H A R T Ë O S F T J M N S R
K I P L V G N Ë H J W G P R
S S K A P I T E N Y N K I E
H H P L A Z H Y D V M O R Z
P U P K J A V M Q H Y R A I
E L P A P A G A L L A M N K
L L F X T T H E S A R N C I
L M F W Y Ë G A V F R D Ë Z
Ë M L K A V E N T U R Ë W D
E K U I P A Z H I B V W B U
```

SPIRANCË	ISHULL
AVENTURË	LEGJENDA
KAPITEN	KEQ
HARTË	OQEAN
MBRESË	AR
RREZIK	PAPAGALL
FLAMUR	MONEDHA
SHPATË	PLAZH
EKUIPAZHI	RUM
SHPELLË	THESAR

40 - Activités

```
B S Y C J K K Ë N A Q Ë S I
I R U M I B O P I K T U R A
Ç L O D H J E H H I K I N G
Y L Q T N B M A A Q E P J E
D L E X I M I F C E Z X F F
Z M O Y J X R T I R L J W W
M A G J I W E Ë X A P I V N
M M N A Ë T L S D M Z Q R H
V R Y A A R T I Z I B F L Ë
G J U E T I A T X K V U X R
O P I N T E R E S A T T Z B
C K O P S H T A R I L E P K
U Y H U K A M P I N G Z U E
C F L K O P E S H K I M I W
```

ART	LOJËRA
ZANATET	LEXIMI
KAMPING	KOHA E LIRË
QERAMIKA	MAGJI
GJUETIA	PIKTURA
AFTËSI	PESHKIMI
QEPJE	KËNAQËSI
INTERESAT	HIKING
KOPSHTARI	ÇLODHJE

41 - Fleurs

```
Z D O R K I D E U U X L B A
A B A V N H I B I S C U S K
M M O I Q T U L E P C L F E
B A W Z S T M Z H I C E G Q
A G W F H Y Z F S L M D D R
K N N L W U J A S E M I N I
L O G J T Ë R F I L I E L G
G L D C H J Y E B I V L U A
R I P E T A L F B V I L L R
J A R G A V A N B A Y I Ë D
T R Ë N D A F I L N E U K E
B U Q E T Ë S N F D F C U N
P L U L E P A S I O N I Q I
D A F F O D I L I R J K E A
```

BUQETË

GARDENIA

HIBISCUS

JASEMINI

DAFFODIL

LIVANDO

JARGAVAN

ZAMBAK

MAGNOLIA

DAISY

ORKIDE

LULE PASIONI

LULËKUQE

PETAL

BOZHURE

TRËNDAFIL

LULEDIELLI

TËRFILI

TULEP

42 - Nourriture #2

```
W P O P U L Ë T B O U L Ç B
S R K Q E R S H I R E X O A
M O L L Ë S D K A I A D K N
A S B T R G H P H Z X B O A
N H U M A B Z K O N T F L N
G U N N K Y G E W F T Z L E
O T K B U K Ë R N T E K A B
G Ë T I K Ë R P U D H A T A
S L G Z V M X W C R V F Ë J
Q H U J E I T R B J I T F A
U C C O Z S E L I N O T U M
M P A T Ë L L X H A N D P E
R R U S H I T D O M A T E U
J O B C N C B R O K O L I P
```

BAJAME   KIVI
PATËLLXHAN   MANGO
BANANE   VEZË
GRURI   BUKË
BROKOLI   PESHK
QERSHI   MOLLË
SELINO   PULË
KËRPUDHA   RRUSHIT
ÇOKOLLATË   ORIZ
PROSHUTË   DOMATE

43 - Océan

```
K P T O S F U N G J E R B T
O A E P T G O C Ë D E T I C
R V N S U V A R K Ë X U A Y
A H E D H I H F S P E N J C
L V U F I K G F O Z P A O P
U N G J A L A R L R B P O H
P E S H K S D Q Z J R F K B
U E L Q N J L E E D E J T A
M J P N Z A F I T N S Z A T
K A R K A L E C A I H H P I
R D E L F I N N G P K I O C
I O W P Y T H Q U N Ë O D A
P S B A L E N A M I B L Z T
Ë Z R F G V A L Ë T T D Y E
```

NGJALA
BALENA
VARKË
KORAL
GAFORRJA
KARKALECA
DELFIN
SFUNGJER
GOCË DETI
BATICAT

KANDIL DETI
PESHK
OKTAPOD
PESHKAQEN
GUMË
KRIPË
STUHI
TUNA
BRESHKË
VALËT

44 - Remplir

```
E F N A H L D G J V W N N A
V U R J D Y D P U O Z H A R
K A R T O N I S I R T A R K
T U E D S Ç A H Z I H Z R Ë
F A T B J A N I K V A Z O F
L B B I E N I S E A H Z I S
M W C A E T J H T L E G E N
J A R R K Ë E E W I G I A W
W W J V O A S I P X H E P D
F K U F V G Y P E H R I P D
N L B E Ë X M K F E J Q C X
S H P O R T Ë B I A H L X B
G G P K P J G L L M P A K O
F X W V V K O V X F U Ç I E
```

FUÇI	PAKO
LEGEN	TABAKA
KUTI	XHEP
SHISHE	JAR
ARKË	ÇANTË
KARTONI	KOVË
DOSJE	SIRTAR
ZARF	GYP
ANIJE	VALIXHE
SHPORTË	VAZO

45 - Ballet

```
D M K O R E O G R A F I A U
W U B Ë O R K E S T Ë R F S
R S A A R T I S T I K E T T
F K L R N C R I T Ë M M Ë A
O U E S T Z I S O L O M S P
G J R W T R M M E A L X I I
J T I A O I O X T P R O V A
E G N L C Y L K Y A W Q J T
S Y A H F G N I I X R A C E
T A U D I E N C Ë T L Ë U K
K O M P O Z I T O R J X T N
I N T E N S I T E T I E X I
S H P R E H Ë S E G F O T K
K Ë N D S H Ë M U Z I K A Ë
```

DUARTROKITJE	INTENSITETI
ARTISTIKE	MUSKUJT
BALERINA	MUZIKA
KOREOGRAFI	ORKESTËR
AFTËSI	AUDIENCË
KOMPOZITOR	PROVA
KËRCIMTARË	RITËM
SHPREHËSE	SOLO
GJEST	STILI
KËNDSHËM	TEKNIKË

46 - Fruit

```
R V P V A G X B D N Q P J Y
M O L L Ë V U F M J E D Ë R
J D Q T D P O A I C R P Q U
M Q K H G J N K V B S T P G
B A N A N E E P A A H A K B
T N N P M P K J R D I W J J
V A P G Q Ë T E R N O L N U
T N U Z O R A S U N K I H K
K A D J G U R H S X M M P I
S S Q A F K I K H C O O A V
D A R D H Ë N Ë I B Y N P I
H L I F I G Ë T T V Z F A A
P O R T O K A L L I A Q J K
K A J S I K U M B U L L A N
```

KAJSI
ANANAS
AVOKADO
BANANE
QERSHI
LIMON
FIG
MJEDËR
GUAVA
KIVI

MANGO
PJEPËR
NEKTARINË
PORTOKALLI
PAPAJA
PJESHKË
DARDHË
MOLLË
KUMBULL
RRUSHIT

47 - Surf

```
X G W Z H O J Q V E B A C P
J S U C T A Q E K Y O R J O
K N Z M O T I E L S Y G X P
V A Ë Ë L C E A D L Ë O U
S H G K F E F Z R N J T L L
H L P P I T U R M A T I R L
P A O V L O E W A R A M C O
E E B O L A K A M P I O N R
J V A Z E M Z L P R Y U B E
T Z R I S C S H K U M Ë G G
Ë E K S T R E M P T E Y N F
S H E T A F O R C Ë V F Y R
I Y C U R S T I L I X C X D
H Q Q T L R A L W J K G K J
```

ARGËTIM	SHKUMË
ATLET	OQEAN
KAMPION	VOZIS
FILLESTAR	PLAZH
BARK	POPULLORE
EKSTREM	GUMË
FORCË	STILI
TURMAT	VALË
MOTI	SHPEJTËSI

48 - Technologie

```
K  M  T  D  R  F  E  R  K  D  O  S  J  E
Ë  U  Ë  I  O  O  O  J  R  U  I  M  U  V
R  M  D  X  T  N  H  F  V  H  R  R  L  R
K  E  H  H  A  T  B  L  O  G  B  S  I  L
I  S  Ë  I  U  R  E  Y  A  E  G  W  O  K
M  A  N  T  H  V  I  R  T  U  A  L  K  R
E  Z  A  A  L  O  V  G  N  E  K  R  A  N
S  H  F  L  E  T  U  E  S  I  S  K  M  O
O  Q  V  I  R  U  S  I  P  L  H  Q  E  Z
F  T  T  K  X  R  F  M  L  I  F  M  R  H
T  I  N  T  E  R  N  E  T  I  A  K  A  C
U  W  V  R  J  E  F  M  J  H  Q  S  C  H
E  S  I  G  U  R  I  A  D  P  G  B  K  U
R  K  O  M  P  J  U  T  E  R  G  F  A  H
```

SHFAQ	SHFLETUESI
BLOG	DIXHITAL
KAMERA	BYTES
KURSOR	KOMPJUTER
TË DHËNA	FONT
EKRAN	KËRKIME
DOSJE	SIGURIA
INTERNETI	VIRTUAL
SOFTUER	VIRUSI
MESAZH	

49 - Météo

```
J  J  G  I  J  B  D  J  P  A  H  W  A  T
F  A  O  Y  F  V  B  B  U  X  O  K  K  H
M  J  E  G  U  L  L  G  Z  B  Z  R  U  A
P  N  R  P  J  M  L  C  S  C  I  A  L  T
Ë  T  E  M  P  E  R  A  T  U  R  Ë  L  Ë
R  P  F  P  I  N  E  O  D  Y  T  V  R  S
M  U  S  O  N  C  R  W  Y  S  L  D  I  I
B  B  K  L  I  M  A  C  F  K  O  B  A  A
Y  J  X  A  T  M  O  S  F  E  R  Ë  E  Q
T  Q  N  R  T  O  R  N  A  D  O  B  S  R
J  H  F  E  T  R  O  P  I  K  A  L  T  Y
E  F  A  X  L  A  G  Ë  S  H  T  R  U  U
X  V  S  T  B  U  B  U  L  L  I  M  H  T
S  Z  W  W  Ë  Q  I  E  L  L  V  K  I  C
```

YLBER	RE
ATMOSFERË	POLARE
FLLAD	THATË
MJEGULL	THATËSIA
QIELL	TEMPERATURË
KLIMA	STUHI
AKULL	BUBULLIM
LAGËSHT	TORNADO
PËRMBYTJE	TROPIKAL
MUSON	ERA

50 - Châteaux

```
Q K A L A D K A L O R Ë S D
C U D S V R P A L L A T I U
P R K A T A P U L T Ë K V N
F O U N T G P F E Ë S U V G
I R L Z D O R E Z L G L M E
S Ë A K L I I U O D W L B O
N N J T U T N D Z Q G Ë R N
I H B M I S C A O P Q E E A
K N Q G U Z H L S H P A T Ë
X J E S E R Y Ë F T S I Ë F
F T M B U R O J Ë B I B R K
P E R A N D O R I S Ë H I K
N J Ë B R I R Ë S H E Y F H
J K C D P R I N C E S H Ë V
```

MBUROJË	FEUDALË
KATAPULTË	KALA
KALË	NJËBRIRËSH
KALORËS	MUR
KURORËN	FISNIK
DUNGEON	PALLATI
DRAGOI	PRINC
DINASTI	PRINCESHË
PERANDORISË	MBRETËRI
SHPATË	KULLË

51 - Randonnée

```
H K P S R G U R Ë U S R O L
M A L V Q F D B N X R V G L
B F R I Z S H N R G Q N Q T
L S P T M A Ë M G E V U D X
L H Ë Ë Ë A Z I J Y O H I W
E Ë R L Q T U K P A R Q E T
R T G O M G E A E X I S L C
Ë B A D E O S M V J E A L B
N D T H N W T P S I N M K N
D E I U J I A I H S T I W I
Ë I T R Q O V N K T I T J O
E B J W Y I E G Ë R M I H Y
N A A V S Ç I Z M E Z M N B
N A T Y R A H Z B G D F O R
```

KAFSHËT
ÇIZME
KAMPING
HARTË
KLIMA
UJI
SHKËMB
TË LODHUR
UDHËZUES
E RËNDË

MOTI
MAL
NATYRA
ORIENTIM
PARQET
GURË
PËRGATITJA
I EGËR
DIELL
SAMITI

52 - Meubles

```
H U R K K T G D P X L A P J
P A S Q Y R Ë S Y U N Y E A
T Z M M S T O L R S Y S R S
A V X A R S N U F L H F D T
V X A C K H Q S U L A E E Ë
O D X K R E V A T A R J K K
L O Z S C F C E O M M A K Ë
I K J H P B F Q N B O S O Q
N X A T L U M W W Ë I T L N
Ë H L R A F T E T H R Ë L V
P Y U A R E G G S P E K T D
C H W T Q I L I M B L M U W
N U W N L L G U V C C M K S
A W P D K M O E G H E Q S O
```

ARMOIRE   FUTON
STOL   HAMAK
TAVOLINË   LLAMBË
SHTRAT   KREVAT
KARRIGE   DYSHEK
BUFE   PASQYRË
JASTËKË   JASTËK
RAFTET   PERDE
KOLLTUK   QILIM

53 - Art

```
S H P R E H J E F L P K L P
S U B J E K T H U M O R X I
H S T P Q R D A F L R I R K
E T H J E S H T Ë Y T J L T
O V P Ë R B Ë R J A R O S U
S U R E A L I Z M I E N K R
S F R Y M Ë Z U A R T I U A
H I K N I O Z G D K I H L V
M X M J K F T P O E Z I P I
S M T B E Z I U Q U O N T Z
E L H L O H R G M X J D U U
K K L H W L Q P U T N A R A
K O M P L E K S V R Ë C Ë L
L C B O R I G J I N A L Z E
```

QERAMIKE
KOMPLEKS
PËRBËRJA
KRIJONI
PORTRETIZOJNË
SHPREHJE
FIGURA
HUMOR
FRYMËZUAR

ORIGJINAL
PIKTURA
POEZI
SKULPTURË
E THJESHTË
SUBJEKT
SUREALIZMI
SIMBOL
VIZUALE

54 - Nutrition

```
D  T  V  D  K  A  L  O  R  I  T  Ë  H  J
Y  I  T  S  P  R  O  T  E  I  N  A  T  X
Z  W  E  T  Y  O  V  I  T  A  M  I  N  A
P  M  H  T  C  M  P  E  S  H  A  F  Y  M
D  I  W  D  Ë  Ë  G  I  O  D  E  Q  X  F
S  K  A  R  B  O  H  I  D  R  A  T  E  T
C  H  L  Q  S  H  N  A  W  U  E  F  K  O
I  T  Ë  S  A  L  C  Ë  Y  U  J  K  T  K
L  R  N  N  G  R  Ë  N  S  H  Ë  M  S  S
Ë  E  G  L  D  E  H  I  D  H  U  R  X  I
S  T  J  T  F  E  R  Ë  Z  A  N  R  C  N
I  J  E  Z  U  V  T  V  W  E  W  E  L  Ë
A  E  T  T  Y  I  W  I  F  H  S  N  W  E
I  S  H  Ë  N  D  E  T  S  H  Ë  M  H  M
```

E HIDHUR	PESHA
OREKSI	PROTEINAT
KALORITË	CILËSIA
NGRËNSHËM	I SHËNDETSHËM
DIETË	SHËNDETI
TRETJE	SALCË
ERËZA	AROMË
KARBOHIDRATET	TOKSINË
LËNGJET	VITAMINA

55 - Science Fiction

```
V V S O R A K U L L I M X W
I G M P G Q A A T O M I K E
Q A H J X P L I B R A Z F T
Z J A R R X P A O F G H A E
A Q R I L U Z I O N J K N K
F U T U R I S T D K I I T N
R E A L I S T E N Q N N A O
P L A N E T B U N F A E S L
A C L Y E Z I O T W R M T O
R O B O T Ë T U T O E A I G
P G A L A K T I K Ë P E K J
M I S T E R I O Z E F I U I
S K E N A R I E K S T R E M
S H P Ë R T H I M G I Q C J
```

ATOMIKE	LIBRA
KINEMA	BOTË
SHPËRTHIM	MISTERIOZE
EKSTREM	ORAKULLI
FANTASTIK	PLANET
ZJARR	REALISTE
FUTURIST	ROBOTËT
GALAKTIKË	SKENARI
ILUZION	TEKNOLOGJI
IMAGJINARE	UTOPI

56 - Professions #1

```
P S I K O L O G J U H A R I
D J G T P I A N I S T S T M
S O B Y R T A V O K A T A J
B I K I D A A Q O U R R Z O
G F U T Q C J L T Y E O B G
D D W T O H W N Z W D N A J
K A W R S R Y P E C A O L E
G M U Z I K A N T R K M E O
Q J B A N K I E R M T W R L
Y K U N R O Y O D C O J I O
S H K E N C Ë T A R R J N G
N K F W T H I D R A U L I K
P V J F S A M B A S A D O R
I N I N F E R M I E R E A N
```

AMBASADOR   GJEOLOG
ASTRONOM   INFERMIERE
AVOKAT   DOKTOR
BANKIER   MUZIKANT
GJUHARI   PIANIST
GJUETAR   HIDRAULIK
BALERIN   PSIKOLOG
TRAJNER   SHKENCËTAR
REDAKTOR

57 - Géologie

```
Z A C I D S E Z O N Ë H P K
V H K A T H A R B R X P L A
S V W M Z P X Q O P X E L L
A H Y Y H E C M Z Z O F A C
B I T U M L B I X F I K J I
U B W R R L Y N E Q C O Ë U
N U P P E Ë G E J Z E R N M
F E W J I S M R N R J A K I
F O S I L E Ë A L M W L R T
G U R S V U L L K A N K I R
P K O N T I N E N T V U P W
S H K R I R Ë T P T K A Ë N
V K R I S T A L E L F R Y Q
S T A L A K T I T D Y C W H
```

ACID	GEJZER
KALCIUM	LAVA
SHPELLË	MINERALET
KONTINENT	GUR
KORAL	PLLAJË
SHTRESË	KUARC
KRISTALE	KRIPË
EROZIONI	STALAKTIT
SHKRIRË	VULLKAN
FOSILE	ZONË

58 - Cirque

```
A O V Z Q T P A Q S E K B X
K R C K L I A C T U L O A H
E A G W F G R R R L E S L O
D U R Ë K Ë A O E U F T O N
Z D Q A T R D B G A A U N G
A B F D M O Ë A O N N M A L
M U F L U E J T J I T M Y E
M K I O Z I L Ë E T I Q B R
A A Q X I S P E K T A T O R
J F G V K M A G J I S T A R
M S H J A R H U I Q W B B Q
U H L L I D B Y Ç A D Ë R Q
N Ë S P E K T A K O L A R E
B T G E J O A U B I L E T Ë
```

ACROBAT
KAFSHËT
BALONA
BILETË
KARAMELE
KOSTUM
ARGËTOJË
ELEFANTI
XHONGLER
LUANI

MAGJISTAR
MAGJI
TREGOJ
MUZIKA
PARADË
MAJMUN
SPEKTAKOLARE
SPEKTATOR
ÇADËR
TIGËR

59 - Jardin

```
Z S E Ç L G W I G G G T B T
M E E L O A S R T H R A X R
V I Q U P R L M S B A R I A
S T O L A A A P H D B R Z M
A B H E T Z Q P D R U A L P
B U S H Ë H G A E B J C T O
W S M T V E R A N D Ë Ë O L
H A M A K F O G R H P L K I
D K H A R D H I S Ë K Ë Ë N
P K O S L H V R Q C M N S Ë
E E H P E M I S H T E D I O
L N M L S G A R D H P I B Q
L X A Ë T H T F D O B N N F
G H V D A L T O W X A Ë Y E
```

PEMË	LOPATË
STOL	LËNDINË
BUSH	VERANDË
GARDH	GRABUJË
PELLG	TOKËS
LULE	TARRACË
GARAZH	TRAMPOLINË
HAMAK	ÇORAPE
BARI	PEMISHTE
KOPSHT	HARDHISË

60 - Barbecues

```
P V K Y E I U Q D S A L C Ë
Z E S O C J R E A R I I I F
J R R P G Z I P R D E A D R
F Ë M I J Ë A Ë K O M K S U
A L T P M C M E A M U N Ë T
M O W E Z E J Q A A Z X E A
I J E R U Z T A P T I E E K
L Ë T H I K A H U E K H B R
J R V O I T S A L L A T A I
E A G X G A W W Ë C E Ë D P
J N M B A T F V D Y F R K Ë
L Q F W O T Y K U L N Q J R
F V Y V W Z F V V A S B R H
A T D A M Y J A D G J H K G
```

NXEHTË	LOJËRA
THIKA	PERIMET
DREKË	MUZIKA
DARKA	QEPË
FËMIJË	PIPER
VERË	PULË
URIA	SALLATA
FAMILJE	SALCË
FRUTA	KRIPË
VUAJ	DOMATE

61 - Anniversaire

```
D M I Q K A L E N D A R S R
U H N M O Z P M M A I C C K
E R U H H F Y R Z F R D E Ë
L E T R A E H V Q Q I N J N
J M A Ë A S P E C I A L E G
O A R B S T W T O R T Ë Z Ë
H D G B U I Ë Q L I N D U R
S H Ë C S M X F G N B G B U
X E T U V I D D Ë J L G Q G
V I I K F V I C Z F T E S A
I I M I J S T B U R M X Q K
E X T A C B A U A W W B F R
H H L I B T Z H R I R D W M
P Ë R T Ë M Ë S U A R O X Q
```

MIQ	TORTË
ARGËTIM	GËZUAR
VITI	FTESA
PËR TË MËSUAR	I RI
QIRINJ	DITA
DHURATË	LINDUR
KALENDAR	URTËSI
LETRA	SPECIALE
KËNGË	E MADHE
FESTIMI	KOHA

62 - Animaux de Compagnie

```
L W G Q Q A K Y E V W G D B
L G F V E T P T N U F W Y R
O O J B N H L O A F S M T M
J O M I U J I M Y M C X N Z
B P G S S A H A R D H U C Ë
R B U H H K L C E P L M R G
E R L T D Ë B E U S H Q I M
J E O Q R H P A P A G A L L
T S P E O A I L L K Q W R C
Ë H Ë N Q G T N E U S W H M
S K O T E L E H P P E S H K
I Ë K T H E T R A T U L S E
V E T E R I N E R K V R L Q
M O Q E N V N T M I I K I E
```

MACE	HARDHUCË
KOTELE	USHQIM
DHI	PUTRAT
QEN	PAPAGALL
QENUSH	PESHK
JAKË	BISHT
UJI	MIU
KTHETRAT	BRESHKË
LLOJ BREJTËSI	LOPË
LEPURI	VETERINER

63 - Forêt Tropicale

```
K X M K M B I J E T E S A W
A Y Z L K O M U N I T E T I
U P D I V E R S I T E T I N
J C N M S T R E H Ë P R L S
R O T A U D I G J E N E L E
M E V L E R Ë H E U Y S O K
X G S F T Q F T D M N P J T
H J R T Z S T I P U Z E E E
U I U U A M F I B Ë T K T T
N T J X A U D Z O G J T Ë R
G A H O L J R B O T A N I K
Ë R R I T L T I E O P Y Z N
L Ë V D J J A J M Y S H K I
I T F N A T Y R A I R E T Ë
```

AMFIBËT
BOTANIK
KLIMA
KOMUNITETI
DIVERSITETI
LLOJET
AUDIGJEN
INSEKTET
XHUNGËL
GJITARËT

MYSHK
NATYRA
RETË
ZOGJTË
ME VLERË
RUAJTJA
STREHË
RESPEKT
RESTAURIMI
MBIJETESA

64 - Insectes

```
M I L I N G O N Ë N L W G M
G N A T D M P L E S H T R U
Y I D I P B R Z D W M A E S
N U Y K A R K A L E C I N H
R Q B A G Ë P G I A F N Z K
U B U R I Z M I Y Q R N Ë O
U I G K B I A B L Y E V C N
K A C A B U N L F I A H A J
R P O L P N T E M L V Z C Ë
I H T E R M I T K I U E O S
M I T C H I S Ë B B Q T S V
B D B R U M B U L L I V U Ë
I X O T G F M C I C A D A R
F W U G W K K T P T X T K T
```

BLETË	MANTIS
KACABU	GNAT
CICADA	MUSHKONJË
LADYBUG	FLUTUR
KARKALECI	PLESHT
MILINGONË	APHID
BRËZI	KARKALEC
GRENZË	BRUMBULLI
LARVA	TERMIT
PILIVESË	KRIMBI

65 - Ferme #1

```
X S J V I L N S F Z R O S N
I O R I Z R R A U G V N Q F
O R J Ç K V V N S N V N T K
O R T R H B K Ë H P H R E F
N Ë K L U A Z M A C E G B C
U B S G Y H M O L X K A L Ë
G A G Q Q W R Y L H G O K S
Y V W P E P U L Ë H L R P I
B I Z O N L B X Z V N X S E
T U M D B E O J T G A R D H
O B F W L H J P S P O I H W
X U Z Y E V W G Ë H M I A
M J A L T Ë U V G C S L A E
K I E Y Ë B U J Q Ë S I A R
```

BLETË	SORRË
BUJQËSIA	UJI
GOMAR	PLEH
BIZON	SANË
FUSHA	MJALTË
MACE	PULË
KALË	ORIZ
DHI	KOPE
QEN	LOPË
GARDH	VIÇ

66 - Escalade

```
H R H N S N B Y S H K S L E
H B F H K Z W E F I U H W U
W A O G B V F W I K R P V E
R K R D J F P G D I E E L X
H H C T D J I S A N S L Ë N
E F Ë E Ë O I Z T G H L N G
L L A R T Ë S I I B T Ë D U
M J S E W C D X G K J M I S
E K S P E R T O O O E X M H
T R A J N I M S R T Q U H T
A I N Y D T E R R E N I K Ë
U D H Ë Z U E S Ç I Z M E D
S T A B I L I T E T I A C Z
A T M O S F E R Ë D Z O N O
```

LARTËSI	FORCË
ATMOSFERË	TRAJNIM
LËNDIM	DOREZA
ÇIZME	SHPELLË
HARTË	UDHËZUES
HELMETA	FIZIKE
KURESHTJE	HIKING
SFIDAT	STABILITETI
EKSPERT	TERRENI
NGUSHTË	

67 - École #2

```
K S M A T E M A T I K Ë L F
C H N X Q S U Ë A S M E O J
E K L A X Q L I S O O E J A
G R A M A T I K A U J W Ë L
V I L S S D B V A D E M R O
G M C V K Q R H K R P S A R
C I K M Q J A F J Z S L V L
A K T I V I T E T E T I C E
U L L E T Ë R S I O B B M X
T E Y K O M P J U T E R X I
O T H N G K A L E N D A R M
B Ë K S H K E N C A F R X I
U R G Ë R S H Ë R Ë M I D U
S L A P S K Ë P U C Ë S E P
```

AKTIVITETET
LIBRARI
AUTOBUS
KALENDAR
KËPUCË
GËRSHËRË
LAPS
FJALOR
MËSUES
SHKRIMI

ARSIMI
GRAMATIKA
LOJËRA
LEXIMI
LETËRSI
LIBRA
MATEMATIKË
KOMPJUTER
LETËR
SHKENCA

68 - Antarctique

```
M Z V T E M P E R A T U R A
I S H U J T L N M X U U M K
Q R N T Z Y Q X G J I J D U
G A D I S H U L L S E L I L
E K S P E D I T Ë H G D A L
H R X B N X R O Z K J B I M
S T U D I U E S Q E E A R S
J M L A H O U W Z N O L O F
X I D O J K K Y O C G E K O
F G F F U T G N G O R N I U
S R G Q A I J G J R A A I G
K I U P Z D U E T E F T Y U
Z M X Y O A A Y Ë W I L Y M
M I N E R A L E T H K J Y I
```

GJI   ISHUJT
BALENAT   MIGRIMI
STUDIUES   MINERALET
RUAJTJE   ZOGJTË
UJI   GADISHULL
MJEDIS   ROKI
EKSPEDITË   SHKENCORE
GJEOGRAFI   TEMPERATURA
AKULL

69 - Professions #2

```
F U Q N D E N T I S T I P X
X I P X O Y F O T O G R A F
M I L U S T R U E S J K S I
Ë L K O P S H T A R U I T N
S A G A Z E T A R L H R R X
U T S Z E O F K R M Ë U O H
E R U U R K F U T X T R N I
S P R D Z O O L O G A G A N
B I B L I O T E K A R C U I
I K P A K U Z C S A C D T E
O T I Q M D E T E T I V I R
L O L A F J G S R G U O C C
O R O G D O E I R O M Y W C
G P T S H P I K Ë S I S U W
```

ASTRONAUT   SHPIKËSI
BIBLIOTEKAR   KOPSHTAR
BIOLOG   GAZETAR
STUDIUES   GJUHËTAR
KIRURG   MJEK
DENTISTI   PIKTOR
DETETIVI   FILOZOF
MËSUES   FOTOGRAF
ILUSTRUES   PILOT
INXHINIER   ZOOLOG

70 - Les Abeilles

```
U K W H Y C P Q O K V I S M
S C P A C Ç E V J V M Y U J
H I M B R E T Ë R E S H A A
Q D S I E L U L E D T Y M L
I O A T U K P K S I A U F T
M B K A F O O O Z V V W R Ë
G I I T U P L S D E A L U M
H S I M D S E H I R W V T R
K H F N Ë H N E E S K P A D
S Ë Q H S T J R L I T B D Y
M M I D Z E W E L T V E G L
M U Z I P U K S N E U W M L
K R A H Ë H H T H T C J Y I
K G P F M L M O P I Z N Z K
```

KRAHË	HABITAT
I DOBISHËM	INSEKT
DYLLI	KOPSHT
DIVERSITETI	MJALTË
MUZI	USHQIM
EKOSISTEMI	BIMËT
ÇEL	POLEN
LULE	MBRETËRESHA
FRUTA	KOSHERE
TYM	DIELL

71 - Dinosaures

```
Y  J  Q  V  O  I  M  A  D  H  R  B  V  J
T  V  B  P  E  M  A  D  H  E  Q  P  I  M
P  O  V  I  G  A  N  B  L  K  Y  R  C  D
F  D  K  O  Z  D  Z  I  M  L  H  E  I  B
G  I  C  A  U  H  H  S  V  F  O  C  O  J
K  E  N  L  N  Ë  D  H  A  O  W  J  Z  M
N  V  W  F  G  S  U  T  L  S  R  Z  E  G
R  P  K  N  E  I  K  N  U  I  A  I  X  T
K  R  A  H  Ë  A  J  G  Q  L  P  P  X  A
A  L  I  F  L  D  A  K  T  E  T  F  C  K
Y  H  R  P  A  R  H  I  S  T  O  R  I  K
I  F  U  Q  I  S  H  Ë  M  J  R  J  U  Y
T  Q  A  U  E  V  O  L  U  C  I  O  N  I
O  J  M  I  S  H  N  G  R  Ë  N  Ë  S  H
```

KRAHË	OMNIVORI
MISHNGRËNËS	PARHISTORIK
ZHDUKJA	PRE
LLOJET	I FUQISHËM
I MADH	BISHT
EVOLUCIONI	RAPTOR
FOSILET	MADHËSIA
E MADHE	TOKA
VIGAN	VICIOZ

72 - Conduite

```
G A R A Z H A R T Ë P F K A
A A K F V G X F R R U G Ë U
Z M T S D I O D M P L K M T
A K M I I P O L I C I A B O
L Z Q U J D V R M D Ç R Ë B
G P H S R R E Z I K E B S U
T R A F I K U N H Q N U O S
T R A N S P O R T I S R R I
R N F S I D G G T T Ë A T G
F R E N A T U N E L I N T U
K A M I O N R T A M O T O R
Z V J O D S H P E J T Ë S I
N N T W Y M A K I N A L C A
B X M S K Q D C M Z T N V T
```

AKSIDENT	MOTOR
AUTOBUS	KËMBËSOR
KAMION	POLICIA
KARBURANT	RRUGË
HARTË	SIGURIA
RREZIK	TRAFIKU
FRENAT	TRANSPORTI
GARAZH	TUNEL
GAZ	SHPEJTËSI
LIÇENSË	MAKINA

73 - Plantes

```
A  S  T  E  F  P  B  T  K  R  Q  T  S  B
W  M  N  N  A  L  A  M  B  R  B  J  R  S
A  M  Q  S  S  Z  O  Z  L  J  O  A  Q  X
B  U  S  H  U  I  K  R  B  E  T  G  R  B
A  X  P  Y  L  L  A  S  A  D  A  J  V  I
M  P  Z  H  E  R  K  S  M  H  N  T  O  M
P  E  M  Ë  N  I  T  I  B  I  I  T  G  Ë
F  D  Q  Y  G  V  U  K  U  N  K  Z  L  S
B  X  U  G  S  Y  S  H  L  P  Ë  K  A  I
P  E  T  A  L  H  N  R  L  L  W  O  Z  A
X  O  B  W  H  V  K  B  I  E  Z  P  L  I
F  M  G  R  R  I  T  U  Q  H  I  S  U  O
R  R  Ë  N  J  Ë  C  U  A  W  N  H  L  A
G  J  E  T  H  X  G  S  Y  Y  K  T  E  R
```

PEMË	RRITU
BAMBU	FASULE
BOTANIKË	BARI
BUSH	KOPSHT
KAKTUS	IVY
PLEH	MYSHK
GJETH	PETAL
LULE	RRËNJË
FLORA	RRJEDHIN
PYLL	BIMËSIA

74 - Ferme #2

```
F P X P F M T D B Q R V C J
X E P I L I A X A U O T H B
O R R A A S R B W M S S Y E
C I B M N R T U E Ë A I S F
L M B J E I K A F S H Ë T D
K E V D M R M U S H Q I M E
L F N P P Y U J I T J E H L
I L Y H S J N X B B I M C E
V P A A C Q A D R V Q P B M
A J P M H P E M I S H T E F
D E L B A V H N D V V O E M
H K O A Y A P R G R U R I L
A U T R A K T O R J B G U B
F R U T A G H B A R I U F T
```

QENGJ	LLAMA
FERMER	PERIME
KAFSHËT	MISRI
BARIU	DELE
GRURI	PJEKUR
ROSA	USHQIM
FRUTA	ELB
HAMBAR	LIVADH
UJITJE	TRAKTOR
QUMËSHT	PEMISHTE

75 - École #1

```
R H D M W B V K R V V H E U
M V O A Ë Y I E A H Z H B F
T L S L V S R I M R J I D U
A A J F S M U L I B R A R I
V P E A Y L Q E Q O A I A D
O S T B K U I Z S K A O G R
L Z D E K L A S Ë Y R D D E
I I P T H P P B X F G Q E K
N V B I I B M I B E Ë A H Ë
Ë P Ë R G J I G J E T R H L
G P V M A T E M A T I K Ë E
B L Y I I P R O V I M E T T
P Ë R T Ë M Ë S U A R W W Ë
X W C G I S N U M R A T G R
```

ALFABETI	MËSUES
MIQ	PROVIMET
ARGËTIM	LIBRA
PËR TË MËSUAR	MATEMATIKË
LIBRARI	NUMRAT
TAVOLINË	LETËR
KARRIGE	KUIZ
LAPS	PËRGJIGJET
DREKË	KLASË
DOSJET	

76 - Vacances #2

```
H  T  A  K  S  I  L  S  F  H  X  U  D  F
A  R  E  O  P  A  S  A  P  O  R  T  Ë  O
R  E  R  H  Z  Y  U  H  G  T  M  D  E  T
T  N  O  A  T  S  T  S  U  E  R  T  J  O
Ë  I  P  E  K  Y  W  U  P  L  O  B  J  G
S  H  O  L  A  T  B  Q  I  G  L  L  E  R
Z  U  R  I  R  E  S  T  O  R  A  N  T  A
S  A  T  R  A  N  S  P  O  R  T  I  C  F
Y  J  A  Ë  U  D  H  Ë  T  I  M  K  X  I
N  J  E  J  K  W  J  Ç  A  D  Ë  R  H  T
A  B  K  K  C  D  M  T  P  L  A  Z  H  Ë
D  E  S  T  I  N  A  C  I  O  N  I  C  A
R  E  Z  E  R  V  I  M  E  T  P  R  X  B
V  I  Z  A  K  A  M  P  I  N  G  C  T  F
```

AEROPORT	FOTOGRAFITË
KAMPING	PLAZH
HARTË	RESTORANT
DESTINACIONI	REZERVIMET
I HUAJ	TAKSI
HOTEL	ÇADËR
ISHULL	TREN
KOHA E LIRË	TRANSPORTI
DET	VIZA
PASAPORTË	UDHËTIM

77 - Outils

```
X T Y Y K S T A P L E R U I
D C D D Q U H W P Ç E K I Ç
G C N E B N I B R I S K T M
S Q V Q G D K O O P N C B A
R R O T Ë I Ë M D Y K C N L
P W L S R M S H K A L L Ë L
I E O Ë S T Z H A W Ë F G E
S N P P H A E O B Y N A L T
H G A A Ë R G Y L Z D V Z G
T J T T R K Z E L L Ë O O U
A I Ë A Ë M M F O V I X P H
R T T Y F K W V Z I F T E T
U Ë G X M G I P Q D Z U A F
Z S B H T N S F N Ë U A H R
```

LËNDË	MALLET
STAPLER	ÇEKIÇ
KABLLO	LOPATË
GËRSHËRË	PINCË
NGJITËS	BRISK
LITAR	SUNDIMTAR
THIKË	RROTË
SHKALLË	PISHTAR
SËPATA	VIDË

78 - Temps

```
S Y O V H S Y S E M N K H Y
S I R A F Y V F D E K A D E
E Ë Ë S D P A S Y X M L T M
A V S K R A D I T A E E A Ë
R M J H J R D J E V S N N N
D J K E P A S O T P D D I G
H A G I T E G H Y G I A X J
M V I T I O J J H E T R F E
J A L T R Q R T M Y Ë H D S
A S H E K U L L I Y L T G K
K Q J R Z Z Y C N G B M B T
M N M J W E H M U A J L D N
X G J L J D M L T V W T N V
E C P V J M G O Ë D H P J M
```

VITI
VJETOR
PAS
SOT
PARA
SË SHPEJTI
KALENDAR
DEKADE
E ARDHMJA
ORË

DJE
DITA
TANI
MËNGJES
MESDITË
MINUTË
MUAJ
NATË
JAVA
SHEKULLI

79 - Maison

```
T K Q I L I M C C K U I Q T
I R O I W K Z W T P X X T A
Z X J P A S Q Y R Ë Z P A V
Ç T G H S Q E P E R D E E A
E T X X T H G A R A Z H F N
L L A M B Ë T Y S K T Q S N
Ë I U D H O M Ë O Q A G H K
S A B E U T F S F P I A E H
A Q D R I T A R E Z J R S K
T H F A A O X H A K X D Ë F
E C Y M U R Ç A T I Y H E U
U J K U Z H I N A J M V T K
K M C K J L J O R D D U S H
O V P A P A F I N G O J R R
```

FSHESË   PAPAFINGO
LIBRARI   KOPSHT
DHOMË   LLAMBË
OXHAK   PASQYRË
ÇELËSAT   MUR
GARDH   TAVAN
KUZHINA   DERA
DUSH   PERDE
DRITARE   QILIM
GARAZH   ÇATI

80 - Légumes

```
X B R O Q N Y D G M F P S Q
H Q R S X X D O M A T E E J
E S E O L J K E D J U M L H
N A G P K Ë R P U D H A I S
X L J Q Ë O J N O A H T N P
H L K L B I L B K N L G O I
E A A N K A L I E O K K B N
F T S H A L L O T Z L U I A
I Ë T U R R E P K Ë U N Z Q
L C R D R X H A E T L G E R
L V A H O H P P C B L U L R
P F V Ë T C E L U V I L E E
V B E R A J J Y O W R L N P
U V C N L E K Q B D I J T Ë
```

HUDHËR
BROKOLI
KARROTA
SELINO
KËRPUDHA
KUNGULL
KASTRAVEC
SHALLOT
SPINAQ

XHENXHEFIL
RREPË
QEPË
ULLIRI
MAJDANOZ
BIZELE
RREPKË
SALLATË
DOMATE

81 - Plage

```
B N Z O Z B O M Z N R Ë R Ë
L C Z Y Q R K C M S X D H V
U D P B R E G D E T J G P A
L D U U X V A R K Ë R L T R
A O S H Y D V N Y H Z L F K
G K H P N E A K Z I L F E Ë
U U I Q P T N D J G B K C M
N O M B R E L L Ë B W V X E
Ë P E Ë K V U G F K P A D V
S R R S A N D A L E L M R E
P E S H Q I R I S H U L L L
D D L N S D S Z E G I V M A
C H L N B J O L S L L M D G
G A F O R R J A T G L R Z E
```

VARKË

BLU

PREDHA

BREGDET

GAFORRJA

DOK

ISHULL

LAGUNË

DET

OQEAN

OMBRELLË

GUMË

RËRË

SANDALE

PESHQIR

DIELL

PUSHIME

VARKË ME VELA

82 - Famille

```
G F M B E S Ë I Z N T D W I
R Ë L W U G D J Y Ë Ë E T U
U M I A E R U U L N Y N V K
A I I X P I R T B A B A Ë U
J J K J F Ë M I J Ë G V L S
A Ë A T Ë R O R E K J A L H
H R C J X R A O R K Y J A Ë
A I O X H S O V B Y S Z W R
M A U C A M O T Ë R H Ë K I
D K K A X E G N L D I K R N
G J Y S H J A H A L L Ë N E
U E X P A R A A R D H Ë S T
T U W V I K N I P I C W M C
Y G V B G F W F B O Q X P I
```

PARAARDHËS   NËNËS
KUSHËRI   NËNA
FËMIJËRIA   NIPI
FËMIJË   MBESË
GRUAJA   XHAXHAI
VAJZË   ATËRORE
VËLLA   BABA
GJYSHJA   MOTËR
GJYSHI   HALLË
BURRI

83 - Oiseaux

```
P I N G U I N P L E J L E K
U P E L I K A N Ë P J S V O
L Q P A T Ë M N G L N T E R
Ë Y T O U C A N X C L R Z B
B Q P W O S H E R O N U Ë Y
A E K P O V H A G O W C M S
R O S A M X Y Q R O K I N B
D M J E L L M Ë I A P U L Ë
H P A L L U A F A P B V Z C
Ë O D F L A M I N G O E G D
V H A N S B U V P F S N L V
P A P A G A L L U B N V J I
Z X L D L F H M K H F X X A
A A K J Z Z S N P R U L H O
```

SHQIPONJA	PINGUIN
STRUCI	HARABELI
ROSA	PULËBARDHË
LEJLEK	VEZË
PËLLUMB	PATË
KORB	PALLUA
QYQE	PAPAGALL
MJELLMË	PELIKAN
FLAMINGO	PULË
HERON	TOUCAN

84 - Disciplines Scientifiques

```
B K G G Y Q Q A B P X I Z M
T I I J M K Y E Q S E O C I
E Y O M U B Q O A I K A F N
R W F K I H O M G K O Q L E
M S I Y I A Ë B P O L S U R
O O Z D S M J S N L O T A A
D C I H J O I G I O G B N L
I I O G J E O L O G J I A O
N O L I D Q N H V J I O T G
A L O Q O A Z I N I A L O J
M O G G V A S T R O N O M I
I G J M E K A N I K A G I A
K J I B O T A N I K Ë J A Q
A I A R K E O L O G J I A X
```

ANATOMIA	GJEOLOGJIA
ARKEOLOGJIA	GJUHËSI
ASTRONOMI	MEKANIKA
BIOKIMI	MINERALOGJIA
BIOLOGJI	FIZIOLOGJI
BOTANIKË	PSIKOLOGJI
KIMIA	SOCIOLOGJI
EKOLOGJIA	TERMODINAMIKA

85 - Émotions

```
B F G M K K S M Z X Q J M D
T U U I G H I U I L Q O Ë A
R C T R H K M F R I K Ë R S
I H Ë Ë P V P E G P C B Z H
S Q K N S Z A U Ë R R F I U
H Q Ë J S I T W Z A F I A R
T P N O O K I O I X V L Z I
I V A H P L X J M F N E Q Ë
M F Q Ë W P F C Z I S H I I
V D U S A T W C P X R T H T
P Ë R M B A J T J A X Ë I W
A B R E L A K S U A R S S C
Q E T Ë S I Z E M Ë R I M I
E M Q I Y J I V O V P M U F
```

DASHURI
ZEMËRIMI
PËRMBAJTJA
RELAKSUAR
MËRZIA
MIRËSI
GËZIM
PAQE
FRIKË

MIRËNJOHËS
LEHTËSIM
TË KËNAQUR
SURPRIZË
SIMPATI
BUTËSI
QETËSI
TRISHTIM

86 - Géographie

```
Z K E R F W X S S A T L A S
J A A O Y J H E O Q E A N M
K U O F V E R I F N I R H E
H O G G J E R Ë S I S T E R
T S Z T O L N P A W H Ë M I
H A R T Ë T Z D V D U S I D
T E R R I T O R I E L I S I
Q M A L U M I U D T L M F A
Y J J P B C M N H O L B E N
T A O K O N T I N E N T R W
E O N U T L I F Y Y R T A B
T M B I Ë P E R Ë N D I M K
M A K S Q Z Y Q X W Z D K M
A Z K O K O B H Z D N S P P
```

LARTËSI	BOTË
ATLAS	MAL
HARTË	VERI
KONTINENT	OQEAN
LUMI	PERËNDIM
HEMISFERA	VENDI
ISHULL	RAJON
GJERËSI	JUG
DET	TERRITORI
MERIDIAN	QYTET

87 - Danse

```
R I K M H U K L A S I K E P
I V L O J G L Ë V I Z J A A
T Q V Y R I J W R Q Z E P R
Ë F D Q R E L A Y C D M O T
M W S B H Q O C Q N E O S N
D Z D E H E X G H V J C T E
A K A D E M I A R I B I U R
M U Z I K A V X G A R O R H
F L A R T F I W A Y F N A J
S T R U P I T I G F U I H J
T U S H P R E H Ë S E W Z X
P R O V A K U L T U R O R E
H A T R A D I C I O N A L E
N V I Z U A L E V V V Y S A
```

AKADEMIA
ART
KOREOGRAFI
KLASIKE
TRUPI
KULTURA
KULTURORE
SHPREHËSE
EMOCION
HIR

LËVIZJA
MUZIKA
PARTNER
POSTURA
PROVA
RITËM
KËRCE
TRADICIONALE
VIZUALE

88 - Bâtiments

```
Z G B D R L G M B S H G H S
G U R D D A A Q O U O A A T
R T E A T R I B T P T K M A
Q H H P I Z V K O E E Ë B D
S P I T A L Ç A M R L S A I
H K F P M R A B U M A H R U
K U A N B B D I Z A G T G M
O L B U A F Ë N E R Q J O I
L L R F S T R A H K P E C R
L Ë I G A R A Z H E T L H P
A L K F D Z Q A W T E L F S
N H Ë B A F S U W E C A R K
O B S E R V A T O R I L N T
K I N E M A I T O O S Q V V
```

AMBASADA	LABORATOR
KABINA	MUZE
KËSHTJELLA	OBSERVATORI
KINEMA	STADIUMI
SHKOLLA	SUPERMARKET
GARAZH	ÇADËR
HAMBAR	TEATRI
SPITAL	KULLË
HOTEL	FABRIKË

89 - Pêche

```
N Z P E S H A U P G U S H Ë
T A H L U M I J T G J Z G E
Q O H F A S T D U R I M A K
S E Z O N Z L E Y E M S T Z
V H E Y H W H P L P Z N U A
X X P N K Z B O Y Y P N A G
G A V O A E X W B C A P J J
Y W I F R P U M R O J N J E
E Q B U R T U W O U I D Y R
H O X L E U Ë J V R S E L I
U A F L M O Q E A N J V N M
W P K A N N A K R S E K E P
E J C Z P V H T K I W N J I
M R L I Q E N I Ë B L U U H
```

KARREM	LUMI
VARKË	LIQENI
GUSHË	NOFULLA
GREP	OQEAN
GATUAJ	SHPORTË
UJI	DURIM
EKZAGJERIM	PLAZH
PAJISJE	PESHA
TEL	SEZON

90 - Activités et Loisirs

```
G G P I K T U R A Y H H V Q
M K O M A B P H I K I N G Y
C Q O L Y O T E N I S R S I
V K N V F K O P S H T A R I
G O B Y O S F C L H O B I L
M H U D G L Y B F N K R N U
Z H Y T J E E E U P X I H N
N A F O O P G J T V O S M I
E S A P F U A S B Q R U S I
A Q V I A U R B O O S W E Q
Z B U T Ë S A O L Y L M F A
K A M P I N G L L P D L I I
N A R T E O G L H A H H D Y
A U O N D T K I K S Ë R F N
```

ART	HOBI
BEJSBOLLI	PIKTURA
BOKS	PESHKIMI
KAMPING	ZHYTJE
GARA	HIKING
FUTBOLL	ZBUTËS
GOLF	SËRF
KOPSHTARI	TENIS
NOT	VOLEJBOLL

91 - Livres

```
A L R F P B G M C W N M Y N
K E E I Z Y H B H G E D Q A
F T N B R M F L P O E M Ë R
U R F H L A V E N T U R Ë R
Y A A U T O R D M G E O D A
F R Q M B L X H I E D M U T
P E E O M S Q J V U W A A O
X O L R L D O A B H V N L R
X H E E P I K Ë U R Q R I T
V M X Z D R E L E V A N T E
N J U H I S T O R I K E E J
W G E O Q E D Z I Q H D T N
H I S T O R I I I R Z M B Y
K O E K R I J U E S R V V K
```

AUTOR
AVENTURË
MBLEDHJA
DUALITET
EPIKË
HISTORI
HISTORIKE
HUMOR
KRIJUES

LEXUES
LETRARE
NARRATOR
FAQE
RELEVANTE
POEMË
POEZI
ROMAN
SERI

92 - Pays #2

```
L O M C D S T G V R E Q G M
A I U G A N D Ë L K U S P E
E S N Y B P R O K X Y S I K
S H X D A N I M A R K Ë I S
I Q H K O F L I B A N I W I
R I A I U N C O I H B V Q K
I P M N K K E N I A E Q Y Ë
K Ë A Ë R N I Z V I V T M S
S R J F A H R E I T D C C O
U I K R I H L C G I F K W V
D A A A N P A K I S T A N L
A V Y N Ë Q N S O M A L I A
N G Q C M H D M Z D I B I O
G V H Ë U J A P O N I I G S
```

SHQIPËRIA
KINË
DANIMARKË
FRANCË
HAITI
INDONEZI
IRLANDA
XHAMAJKA
JAPONI
KENIA

LAOS
LIBANI
MEKSIKË
UGANDË
PAKISTAN
RUSI
SOMALI
SUDAN
SIRI
UKRAINË

93 - Fournitures d'Art

```
W  Y  L  Q  L  E  T  Ë  R  V  E  C  P  N
H  J  E  F  B  O  J  Ë  R  A  U  J  I  G
K  L  A  P  S  A  Z  F  T  J  C  B  P  J
Y  E  E  G  F  B  L  D  A  A  L  Y  F  I
O  T  D  L  J  U  Y  O  B  R  E  M  H  T
K  A  M  E  R  A  R  A  E  G  O  M  Ë  Ë
Ë  I  M  S  X  F  D  C  L  J  U  J  I  S
M  D  X  X  Y  M  A  H  A  I  B  Y  X  F
B  E  W  A  J  A  H  N  T  L  Q  O  U  Y
A  N  G  J  Y  R  A  T  T  Ë  N  E  J  O
L  K  A  R  R  I  G  E  Z  A  B  J  K  Ë
E  P  A  S  T  E  L  E  V  D  Z  S  J  P
C  P  Q  Y  M  Y  R  D  R  U  R  I  J  O
A  K  R  I  L  I  K  Q  S  T  F  Y  A  M
```

AKRILIK	LAPSA
BOJËRA UJI	FANTAZIA
ARGJILË	UJI
FURCA	BOJË
KAMERA	GOMË
KARRIGE	VAJ
QYMYR DRURI	IDE
KËMBALEC	LETËR
NGJITËS	PASTELE
NGJYRAT	TABELA

94 - Jouets

```
I  G  T  L  D  G  K  V  Y  S  C  B  L  L
M  G  V  X  K  G  Z  L  M  N  L  K  O  I
A  C  A  D  U  U  W  D  F  Z  K  U  J  B
G  E  R  O  B  O  T  I  Q  I  F  T  Ë  R
J  P  K  A  M  I  O  N  K  J  P  A  R  A
I  R  Ë  T  Y  W  P  L  V  U  H  R  A  Z
N  E  E  V  R  O  S  A  P  C  C  G  K  A
A  F  T  K  Z  E  N  B  U  E  I  J  U  N
T  E  B  W  N  L  N  S  H  A  H  I  K  A
Ë  R  Q  E  N  I  G  M  Ë  D  B  L  U  T
S  U  A  E  R  O  P  L  A  N  N  Ë  L  E
B  A  T  E  R  I  M  A  K  I  N  A  L  T
U  R  B  I  Ç  I  K  L  E  T  Ë  B  D  Y
V  A  T  D  S  V  X  Y  K  V  C  A  S  F
```

ARGJILË	IMAGJINATË
ZANATET	LOJËRA
AEROPLAN	LIBRA
TOP	KUKULL
VARKË	ENIGMË
KAMION	ROBOTI
QIFT	BATERI
CRAYONS	TREN
SHAH	BIÇIKLETË
E PREFERUARA	MAKINA

95 - Eau

```
A P S P J B P O G V A I T B
D U S H F O Ë Q E S R T I E
R K D M I R R E Y I X H P B
V A L Ë T Ë M A Z R H U I J
H N J M J A B N E X E E J T
T A C J K V Y A R L W A S Q
T L V H U U T Y C E L K H L
S T U H I L J T M A D U Ë A
U B L Y R L E B V D R L M G
J U W L R I A V U L L L U Ë
I R B V W M N M A K M F S S
T F F I Q I L J D B D R O H
J Z R Q D M P F M C T W N T
E L U M I T A S L I Q E N I
```

KANAL	UJITJE
DUSH	LIQENI
AVULLIMI	MUSON
LUMI	BORË
LUMË	OQEAN
ACAR	STUHI
GEYZER	SHI
AKULL	PIJSHËM
LAGËSHTI	VALËT
PËRMBYTJE	AVULL

96 - Paysages

```
G S A K U L L N A J Ë H C K
E H S T Q U K U J Ë V A R Ë
J P V I W M W Y S X U W P H
Z E P S W I X P B J L F L N
E L T H Z G Y X E M L C A O
R L Z U G O A T R A K W Z F
F Ë M L N C A D G L A H H O
D E T L T D Q Z I P N G S M
L U G I N Ë Ë Y Ë S E V P O
L I Q E N I K R F W H O A Ç
S H K R E T Ë T I R Ë U U A
G R Y K Ë D E R D H J A L L
K O D Ë R J O S Z T K M H L
Z Y J K A E V S K W O B Q W
```

UJËVARË	LIQENI
KODËR	MOÇAL
SHKRETËTIRË	DET
GRYKËDERDHJA	MAL
LUMI	OAZË
GEJZER	GADISHULL
AKULLNAJË	PLAZH
SHPELLË	TUNDËR
AJSBERG	LUGINË
ISHULL	VULLKAN

97 - Nombres

```
O R E T J V I E D K A T Ë R
D G X M P Z V A H H M K G E
Y Y R U A E M G J A S H T Ë
B X M I W T S Q E G G S I T
M H T B T Y E Ë T Y R T M Z
E V S F Ë U K M Ë N L V O Q
Z E R O G D F T A X J K I M
D X O M U D H J E T O R E S
N N J Ë Z E T J M S I Y L H
J G V Y T E T M E K J K E T
Ë G P G A D R Q L T E T Ë A
N Ë N T Ë J E Y B A Ë P M T
D T E T Ë M B Ë D H J E T Ë
T R E M B Ë D H J E T Ë N D
```

PESË   KATËR
DY   SHTATË
DHJETORE   GJASHTË
DHJETË   TREMBËDHJETË
TETËMBËDHJETË   TRE
DYMBËDHJETË   NJË
TETË   NJËZET
MATEMATIKË   ZERO
NËNTË

98 - Nature

```
Q Q P Y L L D I N A M I K E
S H E N J T Ë R O R J A A R
K A K U L L N A J Ë U X F O
L U M I M S T R E H Ë L S Z
A F P M J B U K U R I Q H I
S H K R E T Ë T I R Ë D Ë O
T D J E G I P I N L P J T N
M R C T U G E K I U T M S I
F I O Ë L I H G J E T H C U
F J H P L J E T Ë S O R E M
Q E T Ë I E O Y B R A F K C
W N L J I K P A Q Ë S O R E
Q U K C L K A P G H S W P O
V J Z I K A B L E T Ë T J K
```

BLETËT	LUMI
STREHË	PYLL
KAFSHËT	AKULLNAJË
ARKTIK	RETË
BUKURI	PAQËSORE
MJEGULL	SHENJTËRORJA
SHKRETËTIRË	I EGËR
DINAMIKE	QETË
EROZIONI	TROPIKAL
GJETH	JETËSORE

99 - Bateaux

```
V E K U I P A Z H I M T V W
O W B A T I C Ë V A L Ë T W
Z D O D N M L I Q E N I X T
Ë E Q K E O W M A R I N A R
M T E D A T E D I R E K P A
B A A H X J C B L U M I S G
I R N V O A A F I P O K Y E
U E J A H T L K T R T V V T
J K O N X H I M A R O R M R
Ë G Z S S W Z A R S R K J V
V A R K Ë M E V E L A Z N D
S P I R A N C Ë K G F G E V
J S D X V V J A U Z T L L R
P F P S V F K R Z B T Z B V
```

SPIRANCË	MARINAR
VOZË MBI UJË	DIREK
KANOE	DET
LITAR	MOTOR
EKUIPAZHI	DETARE
TRAGET	OQEAN
LUMI	RAFT
KAJAK	VALËT
LIQENI	VARKË ME VELA
BATICË	JAHT

100 - Mesures

```
T V F V D P L R N C B C C E
X H P K I L O M E T Ë R E D
J J E W X Z J F K Y M B N V
G G S L V Ë L L I M I N T O
R J H F L S N O N S N X I G
A E A C Q Ë P T O N Ç A M G
M R K T T Z S G O X Q H E D
A Ë X I Ë M M I N U T Ë T P
S S V Z L S R V F I I G Ë B
A I Y C T O I L I T Ë R R E
B A J T D S G A G S I A B D
R G O O J W P R I M L D J K
D H J E T O R E A G T Ë N H
L A R T Ë S I A T M A T Ë S
```

CENTIMETËR
GRADË
DHJETORE
GRAM
LARTËSIA
KILOGRAM
KILOMETËR
GJERËSIA
LITËR
GJATËSIA

MASA
MATËS
MINUTË
BAJT
ONS
PESHA
INÇ
THELLËSI
TON
VËLLIMI

13 - Astronomie

14 - Types de Cheveux

15 - Gymnastique

16 - Mammifères

17 - Sports

18 - Chocolat

19 - Mathématiques

20 - Mythologie

21 - Restaurant #2

22 - Couleurs

23 - Avions

24 - Aventure

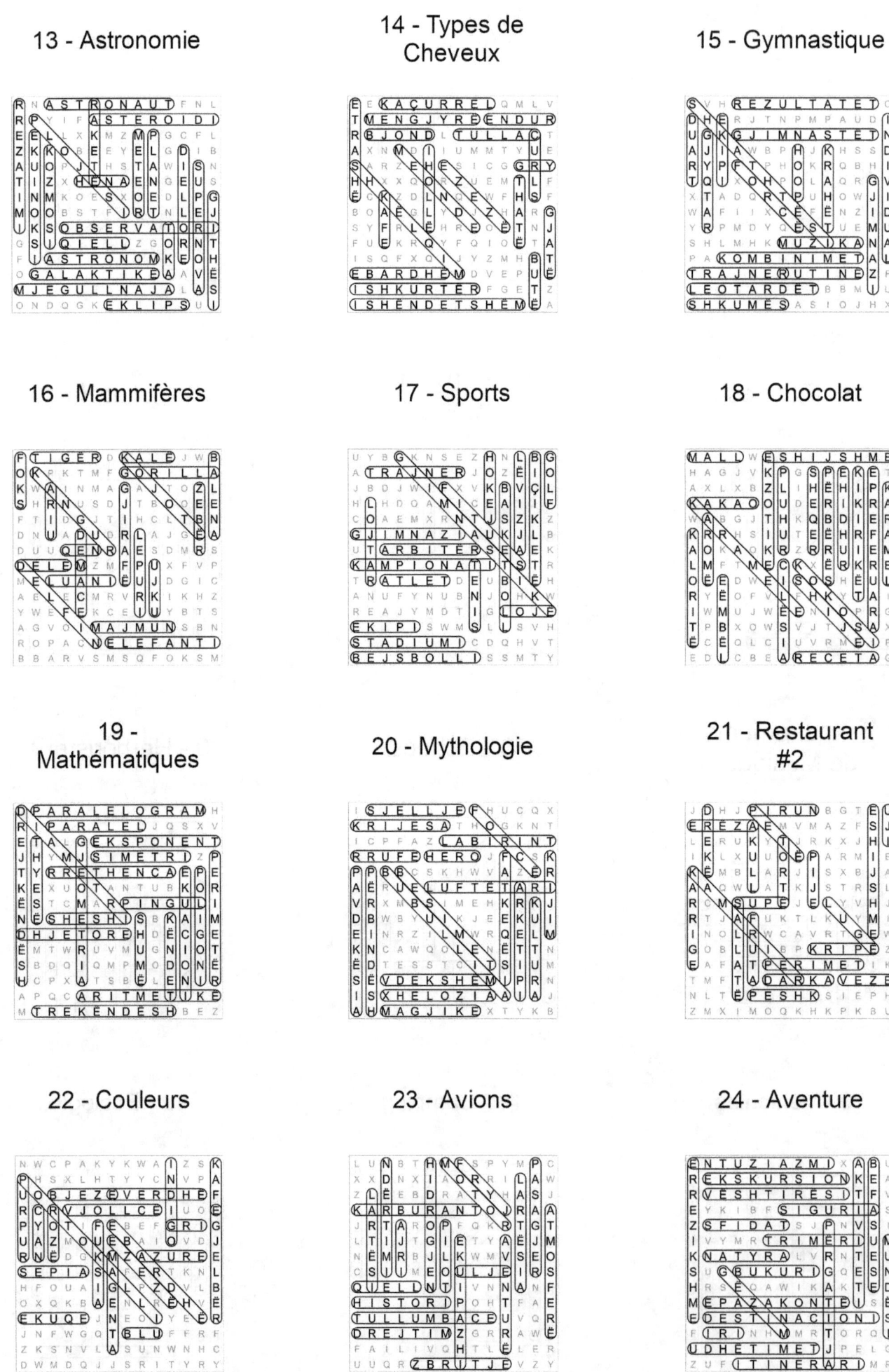

25 - Ville

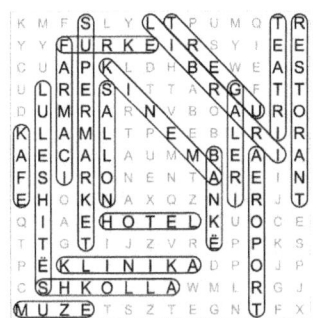

26 - Cuisine

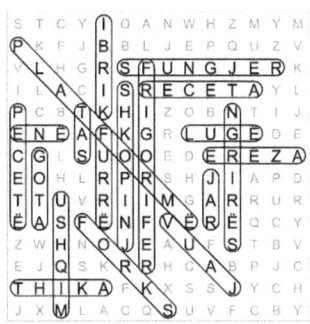

27 - Gentillesse

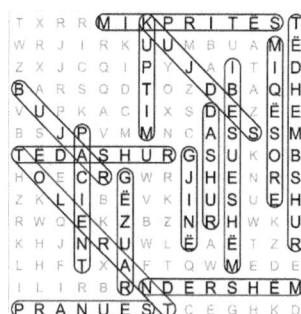

28 - Corps Humain

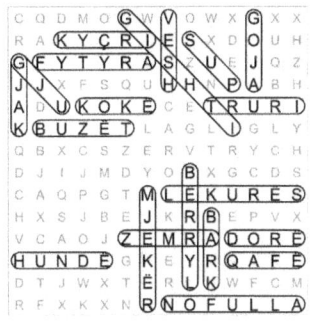

29 - Épices

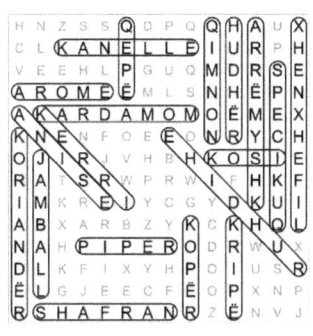

30 - Science

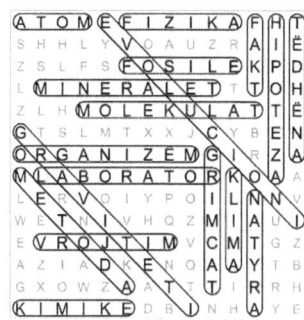

31 - Chats

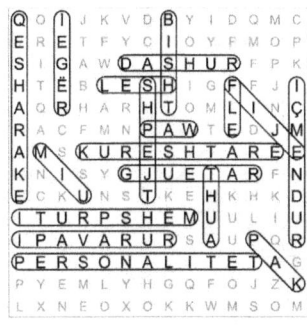

32 - Vêtements

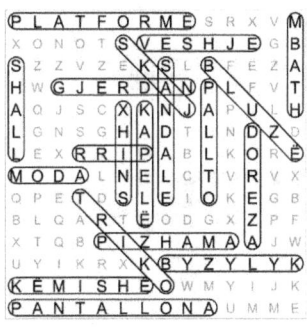

33 - Arts Visuels

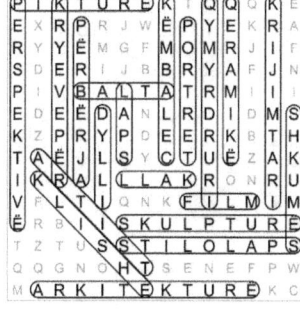

34 - Méditation

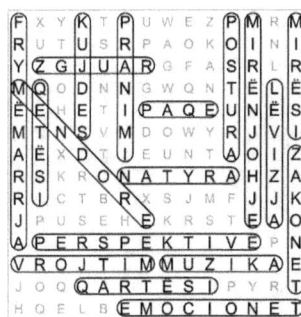

35 - Littérature

36 - Nourriture #1

37 - Jours et Mois

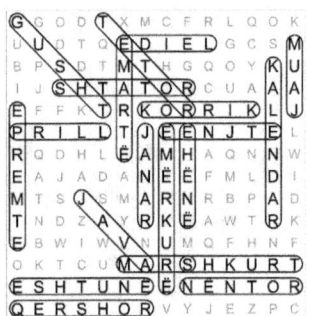

38 - Championnat

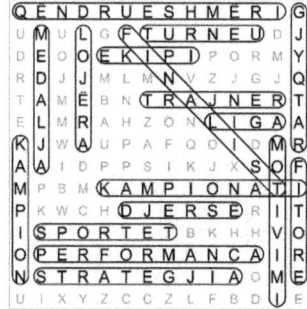

39 - Pirates

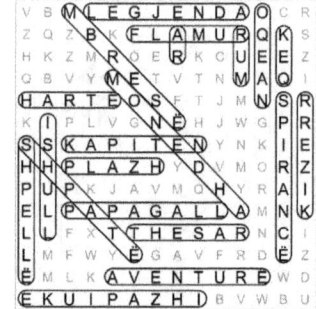

40 - Activités

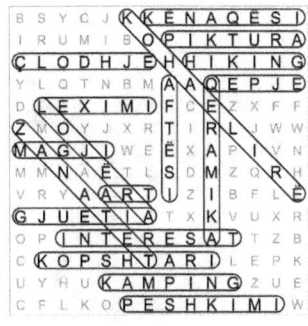

41 - Fleurs

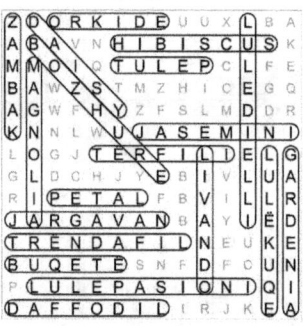

42 - Nourriture #2

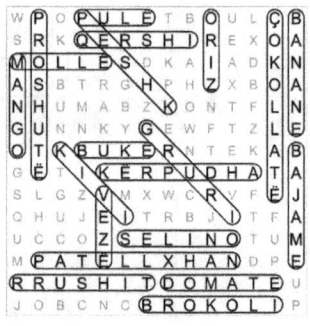

43 - Océan

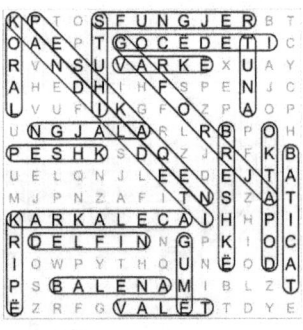

44 - Remplir

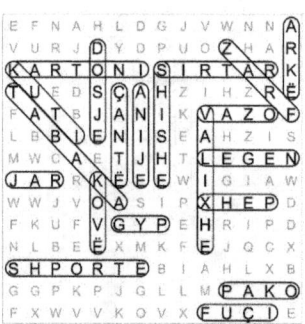

45 - Ballet

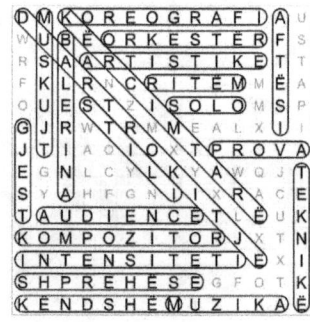

46 - Fruit

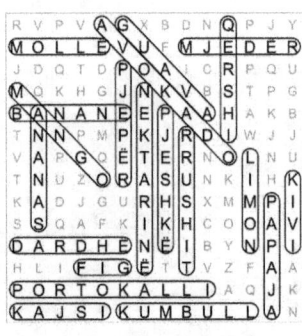

47 - Surf

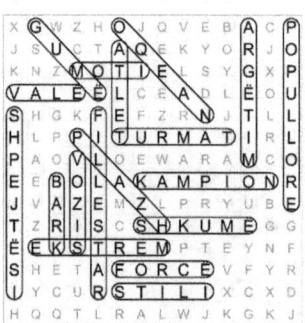

48 - Technologie

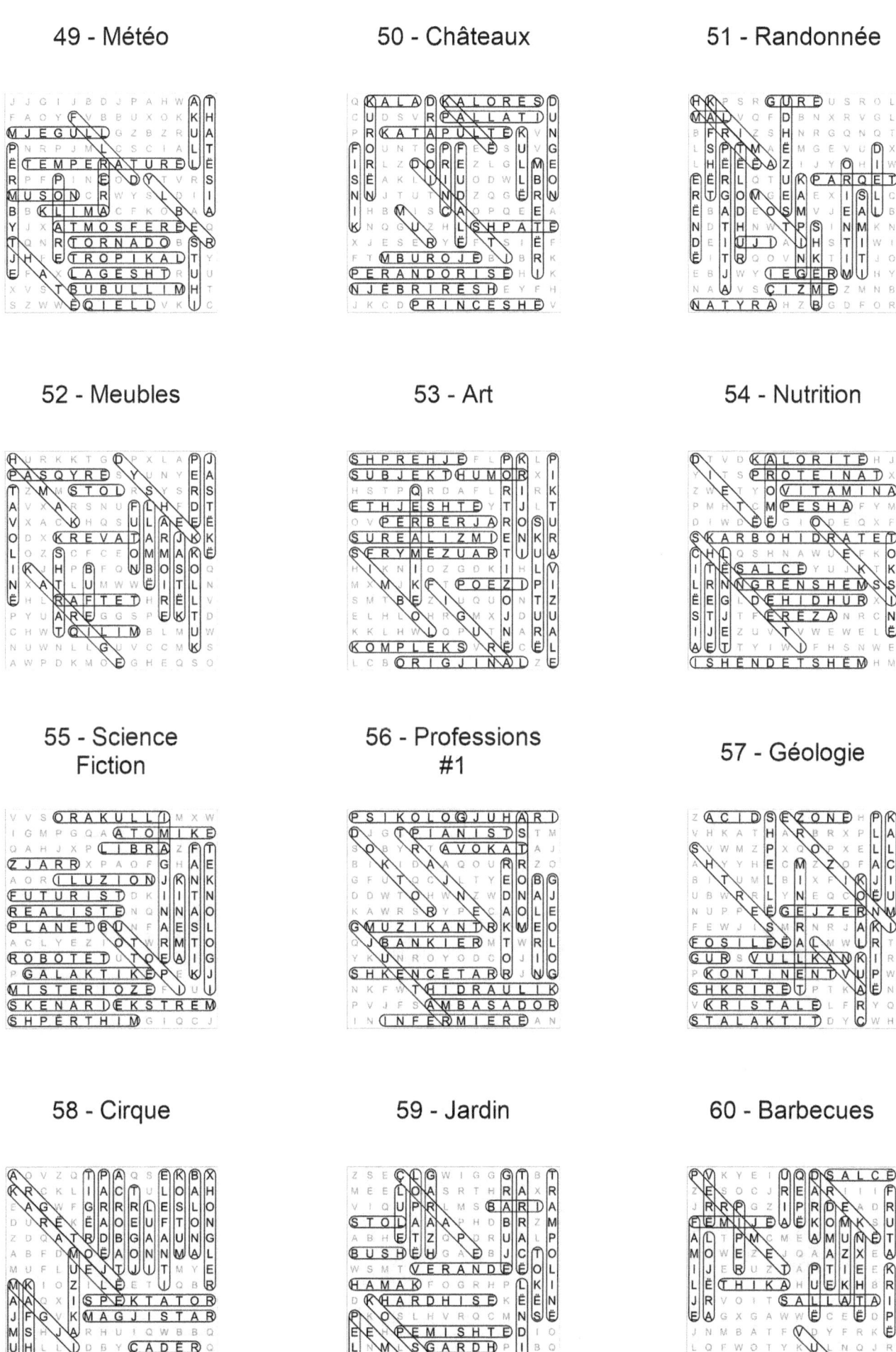

49 - Météo
50 - Châteaux
51 - Randonnée
52 - Meubles
53 - Art
54 - Nutrition
55 - Science Fiction
56 - Professions #1
57 - Géologie
58 - Cirque
59 - Jardin
60 - Barbecues

61 - Anniversaire

62 - Animaux de Compagnie

63 - Forêt Tropicale

64 - Insectes

65 - Ferme #1

66 - Escalade

67 - École #2

68 - Antarctique

69 - Professions #2

70 - Les Abeilles

71 - Dinosaures

72 - Conduite

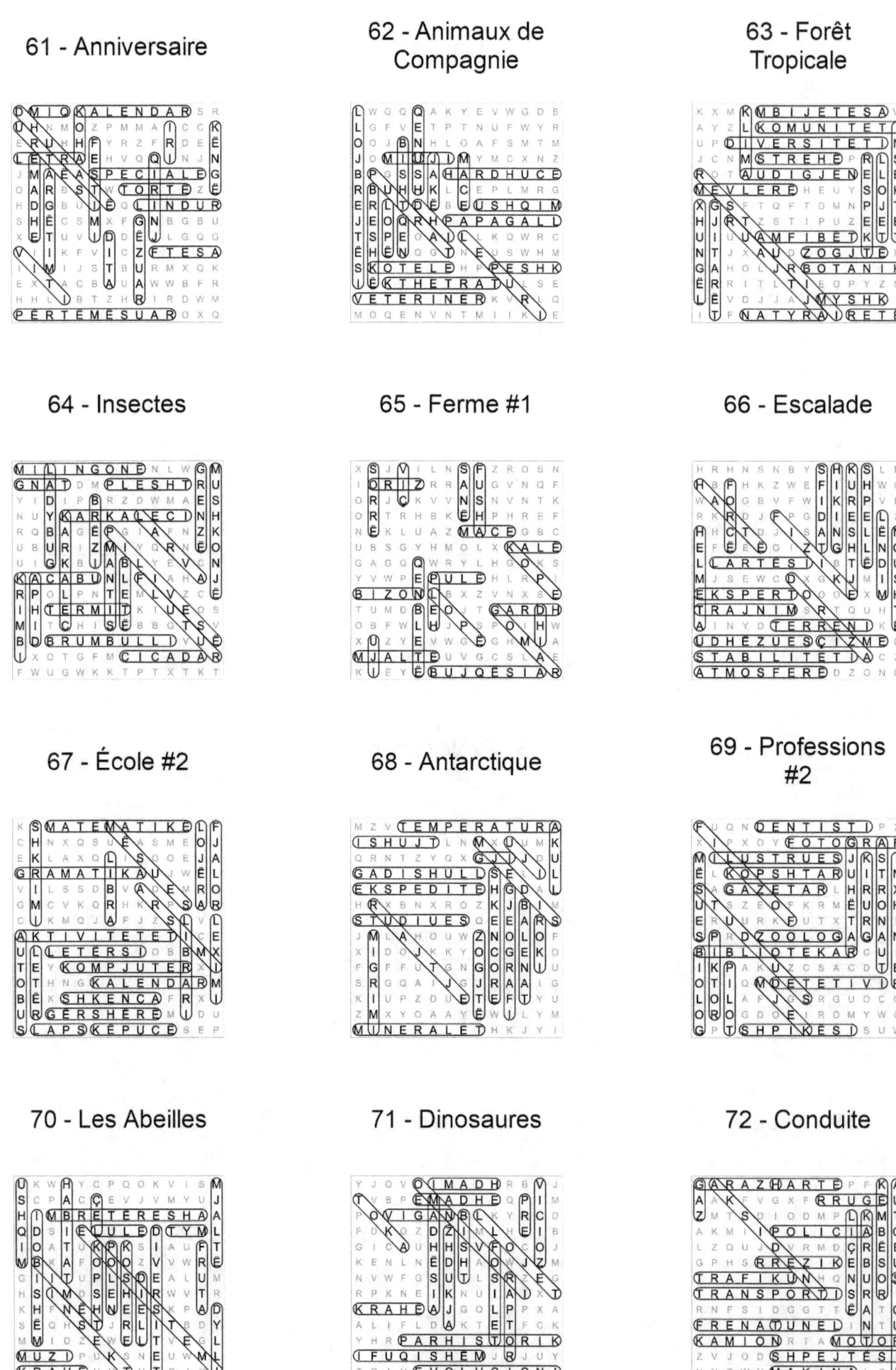

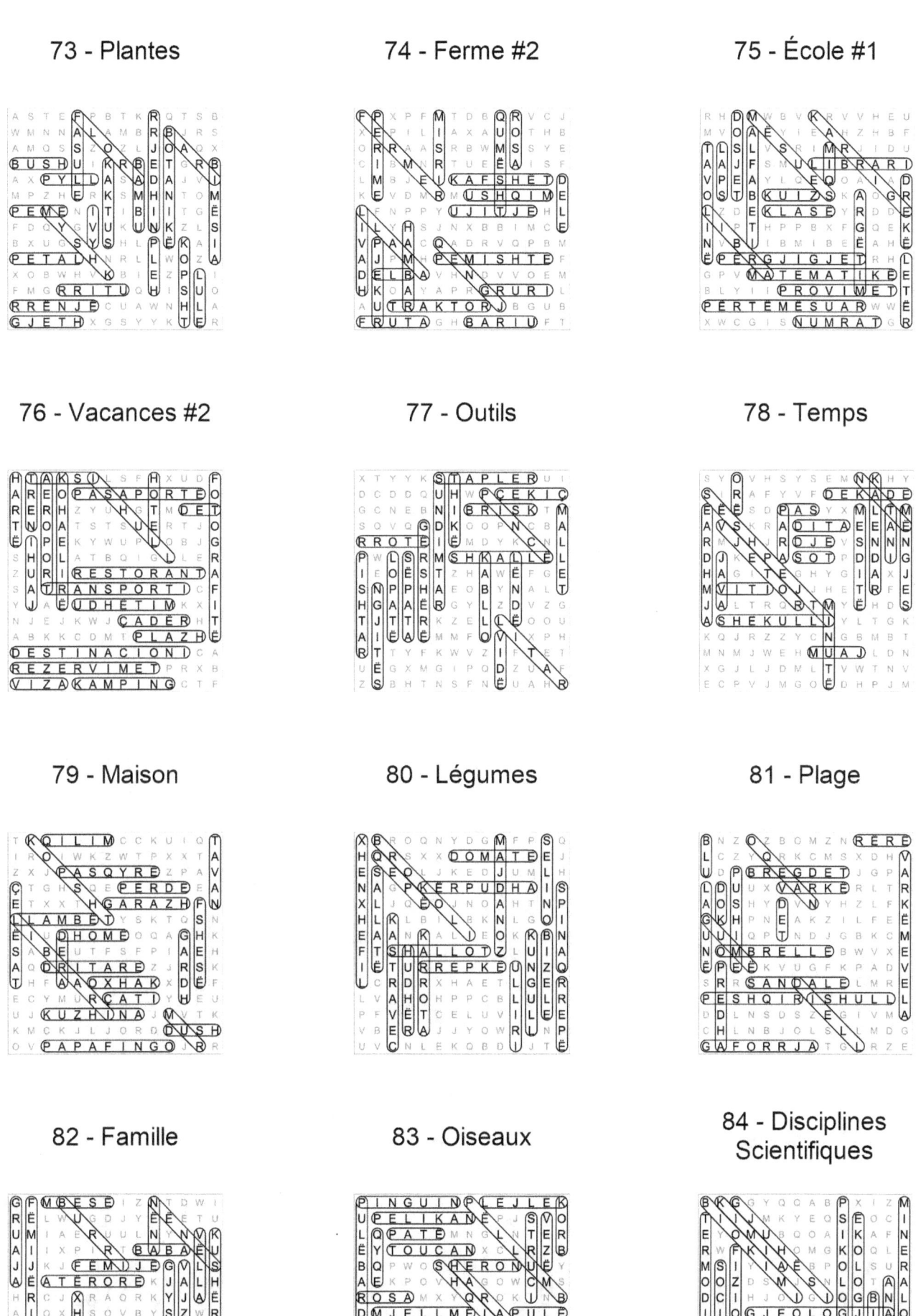

73 - Plantes

74 - Ferme #2

75 - École #1

76 - Vacances #2

77 - Outils

78 - Temps

79 - Maison

80 - Légumes

81 - Plage

82 - Famille

83 - Oiseaux

84 - Disciplines Scientifiques

85 - Émotions

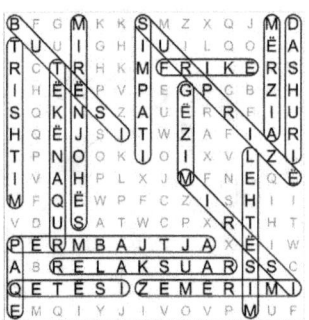

86 - Géographie

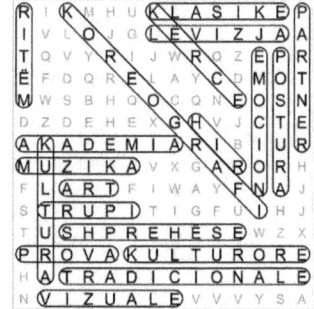

87 - Danse

88 - Bâtiments

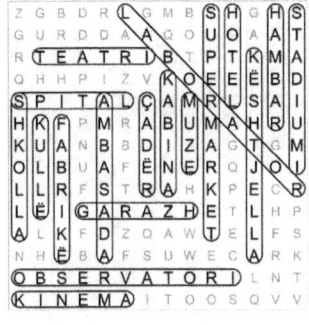

89 - Pêche

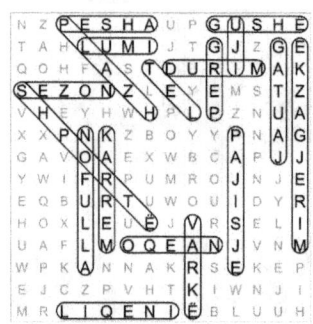

90 - Activités et Loisirs

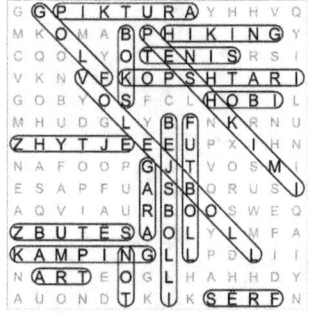

91 - Livres

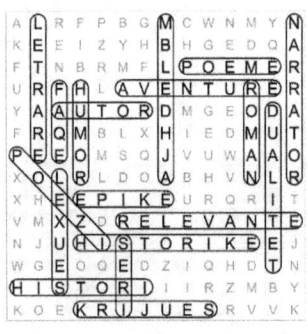

92 - Pays #2

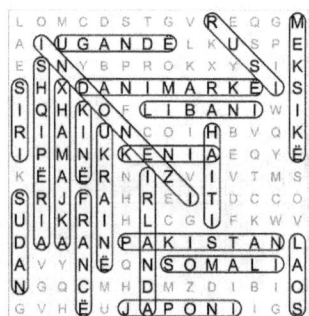

93 - Fournitures d'Art

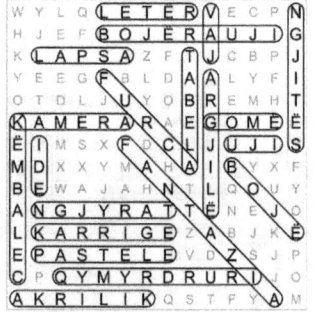

94 - Jouets

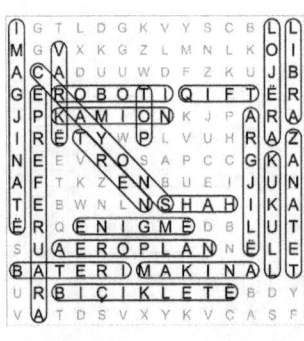

95 - Eau

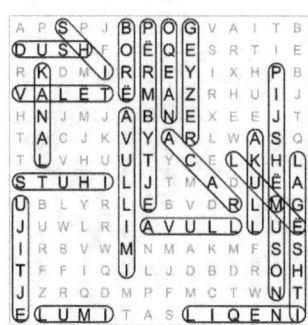

96 - Paysages

97 - Nombres

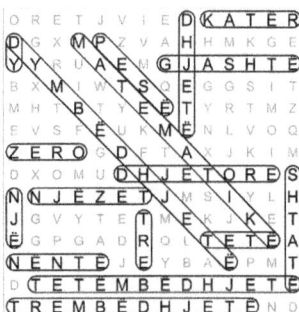

98 - Nature

99 - Bateaux

100 - Mesures

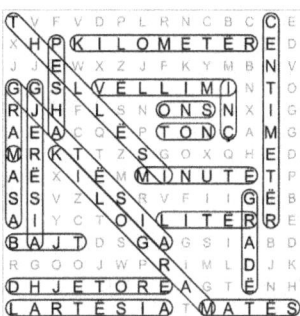

Dictionnaire

Activités
Aktivitetet

Activité	Aktiviteti
Art	Art
Artisanat	Zanatet
Camping	Kamping
Céramique	Qeramika
Chasse	Gjuetia
Compétence	Aftësi
Couture	Qepje
Intérêts	Interesat
Jardinage	Kopshtari
Jeux	Lojëra
Lecture	Leximi
Loisir	Koha e Lirë
Magie	Magji
Peinture	Piktura
Pêche	Peshkimi
Photographie	Fotografi
Plaisir	Kënaqësi
Randonnée	Hiking
Relaxation	Çlodhje

Activités et Loisirs
Aktivitetet dhe Koha e L

Art	Art
Base-Ball	Bejsbolli
Basket-Ball	Basketboll
Boxe	Boks
Camping	Kamping
Course	Gara
Football	Futboll
Golf	Golf
Jardinage	Kopshtari
Nager	Not
Passe-Temps	Hobi
Peinture	Piktura
Pêche	Peshkimi
Plongée	Zhytje
Randonnée	Hiking
Relaxant	Zbutës
Surf	Sërf
Tennis	Tenis
Volley-Ball	Volejboll
Voyage	Udhëtimi

Adjectifs #1
Mbiemrat #1

Absolu	Absolute
Actif	Aktiv
Ambitieux	Ambicioze
Aromatique	Aromatike
Artistique	Artistike
Attractif	Tërheqëse
Beau	E Bukur
Exotique	Ekzotike
Énorme	I Madh
Généreux	Bujar
Honnête	Ndershëm
Identique	Identike
Important	E Rëndësishme
Innocent	Të Pafajshëm
Jeune	I Ri
Lent	Ngathët
Lourd	E Rëndë
Mince	I Hollë
Moderne	Moderne
Parfait	Perfekt

Adjectifs #2
Mbiemrat #2

Authentique	Autentike
Célèbre	I Famshëm
Créatif	Krijues
Descriptif	Përshkrues
Doué	Të Talentuar
Dramatique	Dramatike
Élégant	Elegante
Fier	Krenar
Fort	I Fortë
Intéressant	Interesante
Naturel	Natyrore
Nouveau	I Ri
Productif	Produktive
Puissant	I Fuqishëm
Pur	I Pastër
Responsable	Përgjegjës
Sain	I Shëndetshëm
Salé	E Kripur
Sauvage	I Egër
Sec	Thatë

Animaux de Compagnie
Kafshët Shtëpiake

Chat	Mace
Chaton	Kotele
Chèvre	Dhi
Chien	Qen
Chiot	Qenush
Collier	Jakë
Eau	Uji
Griffes	Kthetrat
Hamster	Lloj Brejtësi
Lapin	Lepuri
Lézard	Hardhucë
Nourriture	Ushqim
Pattes	Putrat
Perroquet	Papagall
Poisson	Peshk
Queue	Bisht
Souris	Miu
Tortue	Breshkë
Vache	Lopë
Vétérinaire	Veteriner

Anniversaire
Ditëlindjen

Amis	Miq
Amusement	Argëtim
Année	Viti
Apprendre	Për të Mësuar
Bougies	Qirinj
Cadeau	Dhuratë
Calendrier	Kalendar
Cartes	Letra
Chanson	Këngë
Fête	Festimi
Gâteau	Tortë
Heureux	Gëzuar
Invitations	Ftesa
Jeune	I Ri
Jour	Dita
Né	Lindur
Sagesse	Urtësi
Spécial	Speciale
Super	E Madhe
Temps	Koha

Antarctique
Antarktidë

Baie	Gji
Baleines	Balenat
Chercheur	Studiues
Conservation	Ruajtje
Continent	Kontinent
Eau	Uji
Environnement	Mjedis
Expédition	Ekspeditë
Géographie	Gjeografi
Glace	Akull
Glaciers	Akullnajat
Îles	Ishujt
Migration	Migrimi
Minéraux	Mineralet
Oiseaux	Zogjtë
Péninsule	Gadishull
Rocheux	Roki
Scientifique	Shkencore
Température	Temperatura
Topographie	Topografia

Art
Art

Céramique	Qeramike
Complexe	Kompleks
Composition	Përbërja
Créer	Krijoni
Dépeindre	Portretizojnë
Expression	Shprehje
Figure	Figura
Honnête	Ndershëm
Humeur	Humor
Inspiré	Frymëzuar
Original	Origjinal
Peintures	Piktura
Personnel	Personale
Poésie	Poezi
Sculpture	Skulpturë
Simple	E Thjeshtë
Sujet	Subjekt
Surréalisme	Surealizmi
Symbole	Simbol
Visuel	Vizuale

Arts Visuels
Artet Pamore

Architecture	Arkitekturë
Argile	Balta
Artiste	Artist
Céramique	Qeramikë
Charbon	Qymyr Druri
Chef-D'Œuvre	Kryevepër
Chevalet	Këmbalec
Cire	Dylli
Composition	Përbërja
Craie	Shkumës
Crayon	Laps
Créativité	Krijimtari
Film	Film
Peinture	Pikturë
Perspective	Perspektivë
Pochoir	Klishe
Portrait	Portret
Sculpture	Skulpturë
Stylo	Stilolaps
Vernis	Llak

Astronomie
Astronomi

Astéroïde	Asteroidi
Astronaute	Astronaut
Astronome	Astronom
Ciel	Qiell
Constellation	Plojësi
Cosmos	Kozmosi
Éclipse	Eklips
Équinoxe	Ekuinoksi
Fusée	Raketë
Galaxie	Galaktikë
Lune	Hëna
Météore	Meteor
Nébuleuse	Mjegullnaja
Observatoire	Observatori
Planète	Planet
Radiation	Rrezatimi
Solaire	Diellore
Supernova	Supernova
Terre	Toka
Univers	Gjithësi

Aventure
Aventurë

Activité	Aktiviteti
Beauté	Bukuri
Bravoure	Trimëri
Dangereux	E Rrezikshme
Destination	Destinacioni
Défis	Sfidat
Difficulté	Vështirësi
Enthousiasme	Entuziazmi
Excursion	Ekskursion
Inhabituel	E Pazakontë
Itinéraire	Itinerari
Joie	Gëzim
Nature	Natyra
Navigation	Navigacion
Nouveau	I Ri
Opportunité	Mundësi
Préparation	Përgatitja
Sécurité	Siguria
Surprenant	Befasuese
Voyages	Udhëtimet

Avions
Aeroplanët

Air	Ajri
Altitude	Lartësi
Atmosphère	Atmosferë
Atterrissage	Ulje
Aventure	Aventurë
Ballon	Tullumbace
Carburant	Karburant
Ciel	Qiell
Construction	Ndërtimi
Descente	Zbritje
Direction	Drejtim
Équipage	Ekuipazhi
Gonfler	Fryj
Hauteur	Lartësia
Histoire	Histori
Hydrogène	Hidrogjen
Moteur	Motor
Passager	Pasagjer
Pilote	Pilot
Turbulence	Turbullira

Ballet
Baletit

Applaudissement	Duartrokitje
Artistique	Artistike
Ballerine	Balerina
Chorégraphie	Koreografi
Compétence	Aftësi
Compositeur	Kompozitor
Danseurs	Kërcimtarë
Expressif	Shprehëse
Geste	Gjest
Gracieux	Këndshëm
Intensité	Intensiteti
Muscles	Muskujt
Musique	Muzika
Orchestre	Orkestër
Public	Audiencë
Répétition	Prova
Rythme	Ritëm
Solo	Solo
Style	Stili
Technique	Teknikë

Barbecues
Barbekju

Chaud	Nxehtë
Couteaux	Thika
Déjeuner	Drekë
Dîner	Darka
Enfants	Fëmijë
Été	Verë
Faim	Uria
Famille	Familje
Fruit	Fruta
Gril	Vuaj
Jeux	Lojëra
Légumes	Perimet
Musique	Muzika
Oignons	Qepë
Poivre	Piper
Poulet	Pulë
Salades	Sallata
Sauce	Salcë
Sel	Kripë
Tomates	Domate

Bateaux
Varkat

Ancre	Spirancë
Bouée	Vozë mbi Ujë
Canoë	Kanoe
Corde	Litar
Équipage	Ekuipazhi
Ferry	Traget
Fleuve	Lumi
Kayak	Kajak
Lac	Liqeni
Marée	Baticë
Marin	Marinar
Mât	Direk
Mer	Det
Moteur	Motor
Nautique	Detare
Océan	Oqean
Radeau	Raft
Vagues	Valët
Voilier	Varkë me Vela
Yacht	Jaht

Bâtiments
Ndërtesat

Ambassade	Ambasada
Appartement	Apartament
Cabine	Kabina
Château	Kështjella
Cinéma	Kinema
École	Shkolla
Garage	Garazh
Grange	Hambar
Hôpital	Spital
Hôtel	Hotel
Laboratoire	Laborator
Musée	Muze
Observatoire	Observatori
Stade	Stadiumi
Supermarché	Supermarket
Tente	Çadër
Théâtre	Teatri
Tour	Kullë
Université	Universiteti
Usine	Fabrikë

Camping
Kampingu

Animaux	Kafshët
Aventure	Aventurë
Boussole	Busull
Cabine	Kabina
Canoë	Kanoe
Carte	Hartë
Chapeau	Kapelë
Chasse	Gjuetia
Corde	Litar
Équipement	Pajisje
Feu	Zjarr
Forêt	Pyll
Hamac	Hamak
Insecte	Insekt
Lac	Liqeni
Lanterne	Fanar
Lune	Hëna
Montagne	Mal
Nature	Natyra
Tente	Çadër

Championnat
Kampionati

Champion	Kampion
Championnat	Kampionati
Endurance	Qëndrueshmëri
Entraîneur	Trajner
Équipe	Ekipi
Finaliste	Finalist
Jeux	Lojëra
Juge	Gjyqtar
Ligue	Liga
Médaille	Medalja
Motivation	Motivimi
Performance	Performanca
Sports	Sportet
Stratégie	Strategjia
Tournoi	Turneu
Transpiration	Djersë
Victoire	Fitore

Chats
Macet

Affectueux	Dashur
Chasseur	Gjuetar
Curieux	Kureshtarë
Dormir	Fle
Drôle	Qesharake
Fil	Fije
Fou	I Çmendur
Fourrure	Lesh
Griffe	Thua
Indépendant	I Pavarur
Patte	Paw
Personnalité	Personalitet
Peu	Pak
Queue	Bisht
Rapide	Shpejt
Sauvage	I Egër
Souris	Miu
Timide	I Turpshëm

Châteaux
Kështjella

Bouclier	Mburojë
Catapulte	Katapultë
Cheval	Kalë
Chevalier	Kalorës
Couronne	Kurorën
Donjon	Dungeon
Dragon	Dragoi
Dynastie	Dinasti
Empire	Perandorisë
Épée	Shpatë
Féodal	Feudalë
Forteresse	Kala
Licorne	Njëbrirësh
Mur	Mur
Noble	Fisnik
Palais	Pallati
Prince	Princ
Princesse	Princeshë
Royaume	Mbretëri
Tour	Kullë

Chocolat
Çokollatë

Amer	E Hidhur
Antioxydant	Antioksidues
Bonbon	Karamele
Cacahuètes	Kikirikët
Cacao	Kakao
Calories	Kaloritë
Caramel	Karamel
Délicieux	E Shijshme
Doux	E Ëmbël
Envie	Mall
Exotique	Ekzotike
Favori	E Preferuara
Goût	Shije
Ingrédient	Përbërës
Noix de Coco	Kokosi
Poudre	Pluhur
Qualité	Cilësia
Recette	Receta
Saveur	Aromë
Sucre	Sheqer

Cirque
Cirku

Acrobate	Acrobat
Animaux	Kafshët
Ballons	Balona
Billet	Biletë
Bonbon	Karamele
Costume	Kostum
Divertir	Argëtojë
Éléphant	Elefanti
Jongleur	Xhongler
Lion	Luani
Magicien	Magjistar
Magie	Magji
Montrer	Tregoj
Musique	Muzika
Parade	Paradë
Singe	Majmun
Spectaculaire	Spektakolare
Spectateur	Spektator
Tente	Çadër
Tigre	Tigër

Conduite
Ngasja

Accident	Aksident
Bus	Autobus
Camion	Kamion
Carburant	Karburant
Carte	Hartë
Danger	Rrezik
Freins	Frenat
Garage	Garazh
Gaz	Gaz
Licence	Liçensë
Moteur	Motor
Piéton	Këmbësor
Police	Policia
Route	Rrugë
Sécurité	Siguria
Trafic	Trafiku
Transport	Transporti
Tunnel	Tunel
Vitesse	Shpejtësi
Voiture	Makina

Corps Humain
Trupi i Njeriut

Bouche	Goja
Cerveau	Truri
Cheville	Kyçri
Cou	Qafë
Coude	Bërryl
Cœur	Zemra
Doigt	Gishti
Estomac	Bark
Épaule	Sup
Genou	Gju
Lèvres	Buzët
Main	Dorë
Mâchoire	Nofulla
Menton	Mjekër
Nez	Hundë
Oreille	Vesh
Peau	Lëkurës
Sang	Gjak
Tête	Kokë
Visage	Fytyra

Couleurs
Ngjyrat

Azur	Azure
Beige	Bjeze
Blanc	E Bardhë
Bleu	Blu
Cramoisi	Purpur
Cyan	Cyan
Fuchsia	Fuksia
Gris	Gri
Indigo	Indigo
Jaune	E Verdhë
Magenta	Magenta
Marron	Kafe
Noir	E Zezë
Orange	Portokalli
Rose	Rozë
Rouge	E Kuqe
Sépia	Sepia
Vert	E Gjelbër
Violet	Vjollcë

Cuisine
Kuzhina

Baguettes	Shkopinj
Bol	Tas
Bouilloire	Ibrik
Congélateur	Ngrirës
Couteaux	Thika
Cruche	Enë
Cuillères	Lugë
Épices	Erëza
Éponge	Sfungjer
Four	Furrë
Fourchettes	Forks
Gril	Vuaj
Nourriture	Ushqim
Pot	Jar
Recette	Receta
Réfrigérateur	Frigorifer
Serviette	Pecetë
Tablier	Platformë
Tasses	Gota

Danse
Valle

Académie	Akademia
Art	Art
Chorégraphie	Koreografi
Classique	Klasike
Corps	Trupi
Culture	Kultura
Culturel	Kulturore
Expressif	Shprehëse
Émotion	Emocion
Grâce	Hir
Mouvement	Lëvizja
Musique	Muzika
Partenaire	Partner
Posture	Postura
Répétition	Prova
Rythme	Ritëm
Saut	Kërce
Traditionnel	Tradicionale
Visuel	Vizuale

Dinosaures
Dinosaurët

Ailes	Krahë
Carnivore	Mishngrënës
Disparition	Zhdukja
Espèce	Llojet
Énorme	I Madh
Évolution	Evolucioni
Fossiles	Fosilet
Grand	E Madhe
Herbivore	Barngrënës
Mammouth	Vigan
Omnivore	Omnivori
Préhistorique	Parhistorik
Proie	Pre
Puissant	I Fuqishëm
Queue	Bisht
Rapace	Raptor
Reptile	Zvarranik
Taille	Madhësia
Terre	Toka
Vicieux	Vicioz

Disciplines Scientifiques
Disiplinat Shkencore

Anatomie	Anatomia
Archéologie	Arkeologjia
Astronomie	Astronomi
Biochimie	Biokimi
Biologie	Biologji
Botanique	Botanikë
Chimie	Kimia
Écologie	Ekologjia
Géologie	Gjeologjia
Immunologie	Imunologji
Linguistique	Gjuhësi
Mécanique	Mekanika
Météorologie	Meteorologji
Minéralogie	Mineralogjia
Neurologie	Neurologji
Physiologie	Fiziologji
Psychologie	Psikologji
Sociologie	Sociologji
Thermodynamique	Termodinamika
Zoologie	Zoologji

Eau
Uji

Canal	Kanal
Douche	Dush
Évaporation	Avullimi
Fleuve	Lumi
Flux	Lumë
Gel	Acar
Geyser	Geyzer
Glace	Akull
Humidité	Lagështi
Inondation	Përmbytje
Irrigation	Ujitje
Lac	Liqeni
Mousson	Muson
Neige	Borë
Océan	Oqean
Ouragan	Stuhi
Pluie	Shi
Potable	Pijshëm
Vagues	Valët
Vapeur	Avull

Escalade
Ngjitje

Altitude	Lartësi
Atmosphère	Atmosferë
Blessure	Lëndim
Bottes	Çizme
Carte	Hartë
Casque	Helmeta
Curiosité	Kureshtje
Défis	Sfidat
Expert	Ekspert
Étroit	Ngushtë
Force	Forcë
Formation	Trajnim
Gants	Doreza
Grotte	Shpellë
Guides	Udhëzues
Physique	Fizike
Randonnée	Hiking
Stabilité	Stabiliteti
Terrain	Terreni

Exploration
Eksplorimi

Activité	Aktiviteti
Animaux	Kafshët
Apprendre	Për të Mësuar
Courage	Guxim
Cultures	Kulturat
Dangers	Rreziqet
Découverte	Zbulimi
Détermination	Vendosmëri
Espace	Hapësirë
Excitation	Eksitim
Épuisement	Lodhje
Inconnu	Panjohur
Langue	Gjuhë
Nouveau	I Ri
Périlleux	Rrezikshme
Quête	Kërkim
Sauvage	I Egër
Terrain	Terreni
Voyage	Udhëtimi

Échecs
Shahu

Adversaire	Kundërshtar
Apprendre	Për të Mësuar
Blanc	E Bardhë
Champion	Kampion
Concours	Konkurs
Défis	Sfidat
Diagonal	Diagonale
Jeu	Lojë
Joueur	Lojtar
Noir	E Zezë
Passif	Pasive
Points	Pikë
Reine	Mbretëresha
Règles	Rregullat
Roi	Mbret
Sacrifice	Sakrificë
Stratégie	Strategjia
Temps	Koha
Tournoi	Turneu

École #1
Shkolla #1

Alphabet	Alfabeti
Amis	Miq
Amusement	Argëtim
Apprendre	Për të Mësuar
Bibliothèque	Librari
Bureau	Tavolinë
Chaise	Karrige
Crayon	Laps
Déjeuner	Drekë
Dossiers	Dosjet
Enseignant	Mësues
Examens	Provimet
Livres	Libra
Marqueurs	Shënuesit
Math	Matematikë
Nombres	Numrat
Papier	Letër
Quiz	Kuiz
Réponses	Përgjigjet
Salle de Classe	Klasë

École #2
Shkolla #2

Activités	Aktivitetet
Bibliothèque	Librari
Bus	Autobus
Calendrier	Kalendar
Chaussures	Këpucë
Ciseaux	Gërshërë
Crayon	Laps
Dictionnaire	Fjalor
Enseignant	Mësues
Écriture	Shkrimi
Éducation	Arsimi
Grammaire	Gramatika
Jeux	Lojëra
Lecture	Leximi
Littérature	Letërsi
Livres	Libra
Math	Matematikë
Ordinateur	Kompjuter
Papier	Letër
Science	Shkenca

Écologie
Ekologjia

Bénévoles	Vullnetarë
Climat	Klima
Communautés	Komunitetet
Diversité	Diversiteti
Espèce	Llojet
Faune	Faunë
Flore	Flora
Global	Globale
Habitat	Habitat
Marais	Kënetë
Marin	Detare
Montagnes	Malet
Nature	Natyra
Naturel	Natyrore
Plantes	Bimët
Ressources	Burimet
Sécheresse	Thatësia
Survie	Mbijetesa
Végétation	Bimësia

Émotions
Emocionet

Amour	Dashuri
Colère	Zemërimi
Contenu	Përmbajtja
Détendu	Relaksuar
Ennui	Mërzia
Gentillesse	Mirësi
Joie	Gëzim
Paix	Paqe
Peur	Frikë
Reconnaissant	Mirënjohës
Relief	Lehtësim
Satisfait	Të Kënaqur
Surprise	Surprizë
Sympathie	Simpati
Tendresse	Butësi
Tranquillité	Qetësi
Tristesse	Trishtim

Épices
Melmesat

Aigre	Kosi
Ail	Hudhër
Amer	E Hidhur
Anis	Anise
Cannelle	Kanellë
Cardamome	Kardamom
Coriandre	Koriandër
Cumin	Qimnon
Curry	Kerri
Fenouil	Kopër
Gingembre	Xhenxhefil
Muscade	Arrëmyshk
Oignon	Qepë
Paprika	Spec i Kuq
Poivre	Piper
Réglisse	Jamball
Safran	Shafran
Saveur	Aromë
Sel	Kripë
Vanille	Vanilje

Été
Verë

Amis	Miq
Camping	Kamping
Étoiles	Yjet
Famille	Familje
Jardin	Kopsht
Jeux	Lojëra
Joie	Gëzim
Livres	Libra
Loisir	Koha e Lirë
Mer	Det
Musique	Muzika
Nourriture	Ushqim
Plage	Plazh
Plongée	Zhytje
Relaxation	Çlodhje
Sandales	Sandale
Vacances	Pushime
Voyage	Udhëtimi

Famille
Familja

Ancêtre	Paraardhës
Cousin	Kushëri
Enfance	Fëmijëria
Enfant	Fëmijë
Femme	Gruaja
Fille	Vajzë
Frère	Vëlla
Grand-Mère	Gjyshja
Grand-Père	Gjyshi
Mari	Burri
Maternel	Nënës
Mère	Nëna
Neveu	Nipi
Nièce	Mbesë
Oncle	Xhaxhai
Paternel	Atërore
Petit-Fils	Nipi
Père	Baba
Soeur	Motër
Tante	Hallë

Ferme #1
Ferma Numër 1

Abeille	Bletë
Agriculture	Bujqësia
Âne	Gomar
Bison	Bizon
Champ	Fusha
Chat	Mace
Cheval	Kalë
Chèvre	Dhi
Chien	Qen
Clôture	Gardh
Corbeau	Sorrë
Eau	Uji
Engrais	Pleh
Foin	Sanë
Miel	Mjaltë
Poulet	Pulë
Riz	Oriz
Troupeau	Kope
Vache	Lopë
Veau	Viç

Ferme #2
Ferma Numër 2

Agneau	Qengj
Agriculteur	Fermer
Animaux	Kafshët
Berger	Bariu
Blé	Gruri
Canard	Rosa
Fruit	Fruta
Grange	Hambar
Irrigation	Ujitje
Lait	Qumësht
Lama	Llama
Légume	Perime
Maïs	Misri
Mouton	Dele
Mûr	Pjekur
Nourriture	Ushqim
Orge	Elb
Pré	Livadh
Tracteur	Traktor
Verger	Pemishte

Fleurs
Lule

Bouquet	Buqetë
Gardénia	Gardenia
Hibiscus	Hibiscus
Jasmin	Jasemini
Jonquille	Daffodil
Lavande	Livando
Lilas	Jargavan
Lys	Zambak
Magnolia	Magnolia
Marguerite	Daisy
Orchidée	Orkide
Passiflore	Lule Pasioni
Pavot	Lulëkuqe
Pétale	Petal
Pissenlit	Luleradhiqe
Pivoine	Bozhure
Rose	Trëndafil
Tournesol	Luledielli
Trèfle	Tërfili
Tulipe	Tulep

Forêt Tropicale
Pyjet e Shiut

Amphibiens	Amfibët
Botanique	Botanik
Climat	Klima
Communauté	Komuniteti
Diversité	Diversiteti
Espèce	Llojet
Indigène	Audigjen
Insectes	Insektet
Jungle	Xhungël
Mammifères	Gjitarët
Mousse	Myshk
Nature	Natyra
Nuage	Retë
Oiseaux	Zogjtë
Précieux	Me Vlerë
Préservation	Ruajtja
Refuge	Strehë
Respect	Respekt
Restauration	Restaurimi
Survie	Mbijetesa

Formes
Format

Arc	Hark
Bords	Skajet
Carré	Sheshi
Cercle	Rreth
Coin	Qoshe
Courbe	Kurve
Cône	Kon
Côté	Anë
Cube	Kube
Cylindre	Cilindri
Ellipse	Elips
Hyperbole	Hiperbola
Ligne	Linjë
Ovale	Ovale
Polygone	Poligoni
Prisme	Prizëm
Pyramide	Piramida
Rectangle	Drejtkëndësh
Sphère	Sferë
Triangle	Trekëndësh

Fournitures d'Art
Furnizimet e Artit

Acrylique	Akrilik
Aquarelles	Bojëra Uji
Argile	Argjilë
Brosses	Furca
Caméra	Kamera
Chaise	Karrige
Charbon	Qymyr Druri
Chevalet	Këmbalec
Colle	Ngjitës
Couleurs	Ngjyrat
Crayons	Lapsa
Créativité	Fantazia
Eau	Uji
Encre	Bojë
Gomme	Gomë
Huile	Vaj
Idées	Ide
Papier	Letër
Pastels	Pastele
Table	Tabela

Fruit
Fruta

Abricot	Kajsi
Ananas	Ananas
Avocat	Avokado
Banane	Banane
Cerise	Qershi
Citron	Limon
Figue	Fig
Framboise	Mjedër
Goyave	Guava
Kiwi	Kivi
Mangue	Mango
Melon	Pjepër
Nectarine	Nektarinë
Orange	Portokalli
Papaye	Papaja
Pêche	Pjeshkë
Poire	Dardhë
Pomme	Mollë
Prune	Kumbull
Raisin	Rrushit

Gentillesse
Mirësia

Affectueux	Dashur
Aimant	Të Dashur
Amical	Miqësore
Attentif	Kujdes
Authentique	Gjinë
Compatissant	Të Dhembshur
Compréhension	Kuptim
Fiable	I Besueshëm
Généreux	Bujar
Heureux	Gëzuar
Honnête	Ndershëm
Hospitalier	Mikpritës
Patient	Pacient
Respectueux	Respektueshëm
Réceptif	Pranues
Tolérant	Tolerant
Utile	Ndihmues

Géographie
Gjeografia

Altitude	Lartësi
Atlas	Atlas
Carte	Hartë
Continent	Kontinent
Fleuve	Lumi
Hémisphère	Hemisfera
Île	Ishull
Latitude	Gjerësi
Mer	Det
Méridien	Meridian
Monde	Botë
Montagne	Mal
Nord	Veri
Océan	Oqean
Ouest	Perëndim
Pays	Vendi
Région	Rajon
Sud	Jug
Territoire	Territori
Ville	Qytet

Géologie
Gjeologjia

Acide	Acid
Calcium	Kalcium
Caverne	Shpellë
Continent	Kontinent
Corail	Koral
Couche	Shtresë
Cristaux	Kristale
Érosion	Erozioni
Fondu	Shkrirë
Fossile	Fosile
Geyser	Gejzer
Lave	Lava
Minéraux	Mineralet
Pierre	Gur
Plateau	Pllajë
Quartz	Kuarc
Sel	Kripë
Stalactite	Stalaktit
Volcan	Vullkan
Zone	Zonë

Gymnastique
Gjimnastikë

Agilité	Shkathtësi
Bras	Krahët
Cerceau	Hoop
Combinaisons	Kombinimet
Craie	Shkumës
Entraîneur	Trajner
Équipe	Ekipi
Force	Forcë
Gymnase	Gjimnazi
Gymnastes	Gjimnastët
Individuel	Individual
Juge	Gjyqtar
Justaucorps	Leotardët
Mains	Duart
Musique	Muzika
Routine	Rutinë
Scores	Rezultatet

Herboristerie
Herbalizëm

Ail	Hudhër
Aromatique	Aromatike
Bénéfique	I Dobishëm
Culinaire	Kulinari
Estragon	Dragua
Fenouil	Kopër
Fleur	Lule
Ingrédient	Përbërës
Jardin	Kopsht
Lavande	Livando
Marjolaine	Borzilok
Menthe	Nenexhik
Origan	Rigon
Persil	Majdanoz
Qualité	Cilësia
Romarin	Rozmarinë
Safran	Shafran
Saveur	Aromë
Thym	Trumzë
Vert	E Gjelbër

Insectes
Insektet

Abeille	Bletë
Cafard	Kacabu
Cigale	Cicada
Coccinelle	Ladybug
Criquet	Karkaleci
Fourmi	Milingonë
Frelon	Brëzi
Guêpe	Grenzë
Larve	Larva
Libellule	Pilivesë
Mante	Mantis
Moucheron	Gnat
Moustique	Mushkonjë
Papillon	Flutur
Puce	Plesht
Puceron	Aphid
Sauterelle	Karkalec
Scarabée	Brumbulli
Termite	Termit
Ver	Krimbi

Instruments de Musique
Instrumentet Muzikore

Banjo	Banjo
Basson	Fageg
Clarinette	Klarinetë
Flûte	Flaut
Gong	Gong
Guitare	Kitarë
Harmonica	Harmonikë
Harpe	Harp
Hautbois	Oboe
Mandoline	Mandolinë
Marimba	Marimba
Percussion	Goditje
Piano	Piano
Saxophone	Saksofon
Tambour	Daulle
Tambourin	Dajre
Trombone	Trombon
Trompette	Trumbetë
Violon	Violinë
Violoncelle	Violonçel

Jardin
Kopshti

Arbre	Pemë
Banc	Stol
Buisson	Bush
Clôture	Gardh
Étang	Pellg
Fleur	Lule
Garage	Garazh
Hamac	Hamak
Herbe	Bari
Jardin	Kopsht
Pelle	Lopatë
Pelouse	Lëndinë
Porche	Verandë
Râteau	Grabujë
Sol	Tokës
Terrasse	Tarracë
Trampoline	Trampolinë
Tuyau	Çorape
Verger	Pemishte
Vigne	Hardhisë

Jouets
Lodrat

Argile	Argjilë
Artisanat	Zanatet
Avion	Aeroplan
Balle	Top
Bateau	Varkë
Camion	Kamion
Cerf-Volant	Qift
Crayons	Crayons
Échecs	Shah
Favori	E Preferuara
Imagination	Imagjinatë
Jeux	Lojëra
Livres	Libra
Poupée	Kukull
Puzzle	Enigmë
Robot	Roboti
Tambours	Bateri
Train	Tren
Vélo	Biçikletë
Voiture	Makina

Jours et Mois
Ditët dhe Muajt

Août	Gusht
Avril	Prill
Calendrier	Kalendar
Dimanche	E Diel
Février	Shkurt
Janvier	Janar
Jeudi	E Enjte
Juillet	Korrik
Juin	Qershor
Lundi	E Hënë
Mardi	E Martë
Mars	Mars
Mercredi	E Mërkurë
Mois	Muaj
Novembre	Nëntor
Octobre	Tetor
Samedi	E Shtunë
Semaine	Java
Septembre	Shtator
Vendredi	E Premte

Les Abeilles
Bletët

Ailes	Krahë
Bénéfique	I Dobishëm
Cire	Dylli
Diversité	Diversiteti
Essaim	Muzi
Écosystème	Ekosistemi
Fleur	Çel
Fleurs	Lule
Fruit	Fruta
Fumée	Tym
Habitat	Habitat
Insecte	Insekt
Jardin	Kopsht
Miel	Mjaltë
Nourriture	Ushqim
Plantes	Bimët
Pollen	Polen
Reine	Mbretëresha
Ruche	Koshere
Soleil	Diell

Légumes
Perimet

Ail	Hudhër
Artichaut	Angjinarja
Aubergine	Patëllxhan
Brocoli	Brokoli
Carotte	Karrota
Céleri	Selino
Champignon	Kërpudha
Citrouille	Kungull
Concombre	Kastravec
Échalote	Shallot
Épinard	Spinaq
Gingembre	Xhenxhefil
Navet	Rrepë
Oignon	Qepë
Olive	Ulliri
Persil	Majdanoz
Pois	Bizele
Radis	Rrepkë
Salade	Sallatë
Tomate	Domate

Littérature
Letërsia

Analogie	Analogjia
Analyse	Analiza
Anecdote	Anekdotë
Auteur	Autor
Biographie	Biografia
Comparaison	Krahasim
Conclusion	Përfundim
Description	Përshkrim
Dialogue	Dialogu
Fiction	Trillim
Métaphore	Metafora
Narrateur	Narrator
Poème	Poemë
Poétique	Poetike
Rime	Rimë
Roman	Roman
Rythme	Ritëm
Style	Stili
Thème	Tema
Tragédie	Tragjedi

Livres
Librat

Auteur	Autor
Aventure	Aventurë
Collection	Mbledhja
Contexte	Kontekst
Dualité	Dualitet
Épique	Epikë
Histoire	Histori
Historique	Historike
Humoristique	Humor
Inventif	Krijues
Lecteur	Lexues
Littéraire	Letrare
Narrateur	Narrator
Page	Faqe
Pertinent	Relevante
Poème	Poemë
Poésie	Poezi
Roman	Roman
Série	Seri
Tragique	Tragjike

Maison
Shtëpia

Balai	Fshesë
Bibliothèque	Librari
Chambre	Dhomë
Cheminée	Oxhak
Clés	Çelësat
Clôture	Gardh
Cuisine	Kuzhina
Douche	Dush
Fenêtre	Dritare
Garage	Garazh
Grenier	Papafingo
Jardin	Kopsht
Lampe	Llambë
Miroir	Pasqyrë
Mur	Mur
Plafond	Tavan
Porte	Dera
Rideaux	Perde
Tapis	Qilim
Toit	Çati

Mammifères
Gjitarët

Baleine	Balena
Chat	Mace
Cheval	Kalë
Chien	Qen
Coyote	Kojotë
Dauphin	Delfin
Éléphant	Elefanti
Girafe	Gjirafë
Gorille	Gorilla
Kangourou	Kangur
Lapin	Lepuri
Lion	Luani
Loup	Ujku
Mouton	Dele
Ours	Ariu
Renard	Foks
Singe	Majmun
Taureau	Dem
Tigre	Tigër
Zèbre	Zebër

Mathématiques
Matematikë

Angles	Këndet
Arithmétique	Aritmetikë
Carré	Sheshi
Circonférence	Rrethenca
Décimal	Dhjetore
Diamètre	Diametri
Exposant	Eksponent
Équation	Ekuacioni
Fraction	Thyesë
Géométrie	Gjeometria
Parallèle	Paralel
Parallélogramme	Paralelogram
Perpendiculaire	Pingul
Périmètre	Perimetër
Polygone	Poligoni
Rectangle	Drejtkëndësh
Somme	Shumë
Symétrie	Simetri
Triangle	Trekëndësh
Volume	Vëllimi

Mesures
Matjet

Centimètre	Centimetër
Degré	Gradë
Décimal	Dhjetore
Gramme	Gram
Hauteur	Lartësia
Kilogramme	Kilogram
Kilomètre	Kilometër
Largeur	Gjerësia
Litre	Litër
Longueur	Gjatësia
Masse	Masa
Mètre	Matës
Minute	Minutë
Octet	Bajt
Once	Ons
Poids	Pesha
Pouce	Inç
Profondeur	Thellësi
Tonne	Ton
Volume	Vëllimi

Meubles
Mobilje

Armoire	Armoire
Banc	Stol
Bureau	Tavolinë
Canapé	Shtrat
Chaise	Karrige
Commode	Bufe
Coussins	Jastëkë
Étagères	Raftet
Fauteuil	Kolltuk
Futon	Futon
Hamac	Hamak
Lampe	Llambë
Lit	Krevat
Matelas	Dyshek
Miroir	Pasqyrë
Oreiller	Jastëk
Rideaux	Perde
Tapis	Qilim

Méditation
Meditimi

Acceptation	Pranimi
Attention	Kujdes
Calme	Qetësi
Clarté	Qartësi
Compassion	Dhembshuri
Émotions	Emocionet
Éveillé	Zgjuar
Gentillesse	Mirësi
Gratitude	Mirënjohje
Habitudes	Zakonet
Mental	Mendore
Mouvement	Lëvizja
Musique	Muzika
Nature	Natyra
Observation	Vrojtim
Paix	Paqe
Perspective	Perspektivë
Posture	Postura
Respiration	Frymëmarrja
Silence	Heshtje

Météo
Moti

Arc-En-Ciel	Ylber
Atmosphère	Atmosferë
Brise	Fllad
Brouillard	Mjegull
Ciel	Qiell
Climat	Klima
Glace	Akull
Humide	Lagësht
Inondation	Përmbytje
Mousson	Muson
Nuage	Re
Polaire	Polare
Sec	Thatë
Sécheresse	Thatësia
Température	Temperaturë
Tempête	Stuhi
Tonnerre	Bubullim
Tornade	Tornado
Tropical	Tropikal
Vent	Era

Mythologie
Mitologji

Archétype	Arketipi
Catastrophe	Fatkeqësi
Comportement	Sjellje
Création	Krijim
Créature	Krijesa
Croyances	Besimet
Culture	Kultura
Éclair	Rrufe
Force	Forcë
Guerrier	Luftëtari
Héros	Hero
Immortalité	Pavdekësia
Jalousie	Xhelozia
Labyrinthe	Labirint
Légende	Legjenda
Magique	Magjike
Monstre	Përbindësh
Mortel	Vdekshëm
Tonnerre	Bubullima
Vengeance	Hakmarrje

Nature
Natyra

Abeilles	Bletët
Abri	Strehë
Animaux	Kafshët
Arctique	Arktik
Beauté	Bukuri
Brouillard	Mjegull
Désert	Shkretëtirë
Dynamique	Dinamike
Érosion	Erozioni
Feuillage	Gjeth
Fleuve	Lumi
Forêt	Pyll
Glacier	Akullnajë
Nuage	Retë
Paisible	Paqësore
Sanctuaire	Shenjtërorja
Sauvage	I Egër
Serein	Qetë
Tropical	Tropikal
Vital	Jetësore

Nombres
Numrat

Cinq	Pesë
Deux	Dy
Décimal	Dhjetore
Dix	Dhjetë
Dix-Huit	Tetëmbëdhjetë
Douze	Dymbëdhjetë
Huit	Tetë
Math	Matematikë
Neuf	Nëntë
Quatre	Katër
Quinze	Pesëmbëdhjetë
Sept	Shtatë
Six	Gjashtë
Treize	Trembëdhjetë
Trois	Tre
Un	Një
Vingt	Njëzet
Zéro	Zero

Nourriture #1
Ushqimi Numër 1

Ail	Hudhër
Basilic	Borzilok
Café	Kafe
Cannelle	Kanellë
Carotte	Karrota
Citron	Limon
Épinard	Spinaq
Fraise	Luleshtrydhe
Jus	Lëng
Lait	Qumësht
Navet	Rrepë
Oignon	Qepë
Orge	Elb
Poire	Dardhë
Salade	Sallatë
Sel	Kripë
Soupe	Supë
Sucre	Sheqer
Thon	Tuna
Viande	Mish

Nourriture #2
Ushqimi Numër 2

Amande	Bajame
Aubergine	Patëllxhan
Banane	Banane
Blé	Gruri
Brocoli	Brokoli
Cerise	Qershi
Céleri	Selino
Champignon	Kërpudha
Chocolat	Çokollatë
Jambon	Proshutë
Kiwi	Kivi
Mangue	Mango
Oeuf	Vezë
Pain	Bukë
Poisson	Peshk
Pomme	Mollë
Poulet	Pulë
Raisin	Rrushit
Riz	Oriz
Tomate	Domate

Nutrition
Të Ushqyerit

Amer	E Hidhur
Appétit	Oreksi
Calories	Kaloritë
Comestible	Ngrënshëm
Diète	Dietë
Digestion	Tretje
Épices	Erëza
Équilibré	Balancuar
Fermentation	Fermentimi
Glucides	Karbohidratet
Liquides	Lëngjet
Poids	Pesha
Protéines	Proteinat
Qualité	Cilësia
Sain	I Shëndetshëm
Santé	Shëndeti
Sauce	Salcë
Saveur	Aromë
Toxine	Toksinë
Vitamine	Vitamina

Océan
Oqeani

Anguille	Ngjala
Baleine	Balena
Bateau	Varkë
Corail	Koral
Crabe	Gaforrja
Crevette	Karkaleca
Dauphin	Delfin
Éponge	Sfungjer
Huître	Gocë Deti
Marées	Baticat
Méduse	Kandil Deti
Poisson	Peshk
Poulpe	Oktapod
Requin	Peshkaqen
Récif	Gumë
Sel	Kripë
Tempête	Stuhi
Thon	Tuna
Tortue	Breshkë
Vagues	Valët

Oiseaux
Zogjtë

Aigle	Shqiponja
Autruche	Struci
Canard	Rosa
Cigogne	Lejlek
Colombe	Pëllumb
Corbeau	Korb
Coucou	Qyqe
Cygne	Mjellmë
Flamant	Flamingo
Héron	Heron
Manchot	Pinguin
Moineau	Harabeli
Mouette	Pulëbardhë
Oeuf	Vezë
Oie	Patë
Paon	Pallua
Perroquet	Papagall
Pélican	Pelikan
Poulet	Pulë
Toucan	Toucan

Outils
Mjetet

Agrafe	Lëndë
Agrafeuse	Stapler
Câble	Kabllo
Ciseaux	Gërshërë
Colle	Ngjitës
Corde	Litar
Couteau	Thikë
Échelle	Shkallë
Hache	Sëpata
Maillet	Mallet
Marteau	Çekiç
Pelle	Lopatë
Pinces	Pincë
Rasoir	Brisk
Règle	Sundimtar
Roue	Rrotë
Torche	Pishtar
Vis	Vidë

Pays #2
Vendet #2

Albanie	Shqipëria
Chine	Kinë
Danemark	Danimarkë
France	Francë
Haïti	Haiti
Indonésie	Indonezi
Irlande	Irlanda
Jamaïque	Xhamajka
Japon	Japoni
Kenya	Kenia
Laos	Laos
Liban	Libani
Mexique	Meksikë
Ouganda	Ugandë
Pakistan	Pakistan
Russie	Rusi
Somalie	Somali
Soudan	Sudan
Syrie	Siri
Ukraine	Ukrainë

Paysages
Peizazhet

Cascade	Ujëvarë
Colline	Kodër
Désert	Shkretëtirë
Estuaire	Grykëderdhja
Fleuve	Lumi
Geyser	Gejzer
Glacier	Akullnajë
Grotte	Shpellë
Iceberg	Ajsberg
Île	Ishull
Lac	Liqeni
Marais	Moçal
Mer	Det
Montagne	Mal
Oasis	Oazë
Péninsule	Gadishull
Plage	Plazh
Toundra	Tundër
Vallée	Luginë
Volcan	Vullkan

Pêche
Peshkimi

Appât	Karrem
Bateau	Varkë
Branchies	Gushë
Crochet	Grep
Cuire	Gatuaj
Eau	Uji
Exagération	Ekzagjerim
Équipement	Pajisje
Fil	Tel
Fleuve	Lumi
Lac	Liqeni
Mâchoire	Nofulla
Océan	Oqean
Panier	Shportë
Patience	Durim
Plage	Plazh
Poids	Pesha
Saison	Sezon

Pirates
Piratët

Ancre	Spirancë
Aventure	Aventurë
Capitaine	Kapiten
Carte	Hartë
Cicatrice	Mbresë
Danger	Rrezik
Drapeau	Flamur
Épée	Shpatë
Équipage	Ekuipazhi
Grotte	Shpellë
Île	Ishull
Légende	Legjenda
Mauvais	Keq
Océan	Oqean
Or	Ar
Perroquet	Papagall
Pièces	Monedha
Plage	Plazh
Rhum	Rum
Trésor	Thesar

Plage
Plazhi

Bateau	Varkë
Bleu	Blu
Coquilles	Predha
Côte	Bregdet
Crabe	Gaforrja
Dock	Dok
Île	Ishull
Lagune	Lagunë
Mer	Det
Océan	Oqean
Parapluie	Ombrellë
Récif	Gumë
Sable	Rërë
Sandales	Sandale
Serviette	Peshqir
Soleil	Diell
Vacances	Pushime
Voilier	Varkë me Vela

Plantes
Bimët

Arbre	Pemë
Bambou	Bambu
Botanique	Botanikë
Buisson	Bush
Cactus	Kaktus
Engrais	Pleh
Feuillage	Gjeth
Fleur	Lule
Flore	Flora
Forêt	Pyll
Grandir	Rritu
Haricot	Fasule
Herbe	Bari
Jardin	Kopsht
Lierre	Ivy
Mousse	Myshk
Pétale	Petal
Racine	Rrënjë
Tige	Rrjedhin
Végétation	Bimësia

Professions #1
Profesionet Numër 1

Ambassadeur	Ambasador
Astronome	Astronom
Avocat	Avokat
Banquier	Bankier
Bijoutier	Gjuhari
Cartographe	Hartograf
Chasseur	Gjuetar
Danseur	Balerin
Entraîneur	Trajner
Éditeur	Redaktor
Géologue	Gjeolog
Infirmière	Infermiere
Médecin	Doktor
Musicien	Muzikant
Pianiste	Pianist
Plombier	Hidraulik
Pompier	Zjarrfikës
Psychologue	Psikolog
Scientifique	Shkencëtar
Vétérinaire	Veteriner

Professions #2
Profesionet Numër 2

Astronaute	Astronaut
Bibliothécaire	Bibliotekar
Biologiste	Biolog
Chercheur	Studiues
Chirurgien	Kirurg
Dentiste	Dentisti
Détective	Detetivi
Enseignant	Mësues
Illustrateur	Ilustrues
Ingénieur	Inxhinier
Inventeur	Shpikësi
Jardinier	Kopshtar
Journaliste	Gazetar
Linguiste	Gjuhëtar
Médecin	Mjek
Peintre	Piktor
Philosophe	Filozof
Photographe	Fotograf
Pilote	Pilot
Zoologiste	Zoolog

Randonnée
Ecje

Animaux	Kafshët
Bottes	Çizme
Camping	Kamping
Carte	Hartë
Climat	Klima
Eau	Uji
Falaise	Shkëmb
Fatigué	Të Lodhur
Guides	Udhëzues
Lourd	E Rëndë
Météo	Moti
Montagne	Mal
Nature	Natyra
Orientation	Orientim
Parcs	Parqet
Pierres	Gurë
Préparation	Përgatitja
Sauvage	I Egër
Soleil	Diell
Sommet	Samiti

Remplir
Për të Mbushur

Baril	Fuçi
Bassin	Legen
Boîte	Kuti
Bouteille	Shishe
Caisse	Arkë
Carton	Kartoni
Dossier	Dosje
Enveloppe	Zarf
Navire	Anije
Panier	Shportë
Paquet	Pako
Plateau	Tabaka
Poche	Xhep
Pot	Jar
Sac	Çantë
Seau	Kovë
Tiroir	Sirtar
Tube	Gyp
Valise	Valixhe
Vase	Vazo

Restaurant #2
Restoranti Numër 2

Boisson	Pije
Chaise	Karrige
Cuillère	Lugë
Déjeuner	Drekë
Délicieux	E Shijshme
Dîner	Darka
Eau	Uji
Épices	Erëza
Fourchette	Pirun
Fruit	Fruta
Gâteau	Tortë
Glace	Akull
Légumes	Perimet
Nouilles	Petë
Oeuf	Vezë
Poisson	Peshk
Salade	Sallatë
Sel	Kripë
Serveur	Kamarier
Soupe	Supë

Salle de Bains
Banjo

Bain	Banjë
Bulles	Flluska
Ciseaux	Gërshërë
Douche	Dush
Eau	Uji
Éponge	Sfungjer
Évier	Lavaman
Lotion	Locion
Miroir	Pasqyrë
Parfum	Parfum
Robinet	Rubinet
Savon	Sapun
Serviette	Peshqir
Shampooing	Shampo
Tapis	Qilim
Toilette	Tualet
Vapeur	Avull

Science
Shkenca

Atome	Atom
Chimique	Kimike
Climat	Klima
Données	Të Dhëna
Expérience	Eksperiment
Évolution	Evolucioni
Fait	Fakt
Fossile	Fosile
Gravité	Graviteti
Hypothèse	Hipoteza
Laboratoire	Laborator
Méthode	Metoda
Minéraux	Mineralet
Molécules	Molekulat
Nature	Natyra
Observation	Vrojtim
Organisme	Organizëm
Particules	Grimcat
Physique	Fizika
Scientifique	Shkencëtar

Science-Fiction
Fiction Shkencor

Atomique	Atomike
Cinéma	Kinema
Explosion	Shpërthim
Extrême	Ekstrem
Fantastique	Fantastik
Feu	Zjarr
Futuriste	Futurist
Galaxie	Galaktikë
Illusion	Iluzion
Imaginaire	Imagjinare
Livres	Libra
Monde	Botë
Mystérieux	Misterioze
Oracle	Orakulli
Planète	Planet
Réaliste	Realiste
Robots	Robotët
Scénario	Skenari
Technologie	Teknologji
Utopie	Utopi

Sports
Sportive

Arbitre	Arbitër
Athlète	Atlet
Base-Ball	Bejsbolli
Basket-Ball	Basketboll
Championnat	Kampionati
Entraîneur	Trajner
Équipe	Ekipi
Gagnant	Fitues
Golf	Golf
Gymnase	Gjimnazi
Gymnastique	Gjimnastikë
Hockey	Hokej
Jeu	Lojë
Joueur	Lojtar
Mouvement	Lëvizja
Stade	Stadiumi
Tennis	Tenis
Vélo	Biçikletë

Surf
Sërf

Amusement	Argëtim
Athlète	Atlet
Champion	Kampion
Débutant	Fillestar
Estomac	Bark
Extrême	Ekstrem
Force	Forcë
Foules	Turmat
Météo	Moti
Mousse	Shkumë
Océan	Oqean
Pagaie	Vozis
Plage	Plazh
Populaire	Popullore
Récif	Gumë
Style	Stili
Vague	Valë
Vitesse	Shpejtësi

Technologie
Teknologjia

Affichage	Shfaq
Blog	Blog
Caméra	Kamera
Curseur	Kursor
Données	Të Dhëna
Écran	Ekran
Fichier	Dosje
Internet	Interneti
Logiciel	Softuer
Message	Mesazh
Navigateur	Shfletuesi
Numérique	Dixhital
Octets	Bytes
Ordinateur	Kompjuter
Police	Font
Recherche	Kërkime
Sécurité	Siguria
Statistiques	Statistika
Virtuel	Virtual
Virus	Virusi

Temps
Koha

Année	Viti
Annuel	Vjetor
Après	Pas
Aujourd'Hui	Sot
Avant	Para
Bientôt	Së Shpejti
Calendrier	Kalendar
Décennie	Dekade
Futur	E Ardhmja
Heure	Orë
Hier	Dje
Jour	Dita
Maintenant	Tani
Matin	Mëngjes
Midi	Mesditë
Minute	Minutë
Mois	Muaj
Nuit	Natë
Semaine	Java
Siècle	Shekulli

Types de Cheveux
Llojet e Flokeve

Argent	Argjendi
Blanc	E Bardhë
Blond	Bjond
Boucles	Curls
Brillant	Shkëlqim
Chauve	Tullac
Coloré	Me Ngjyrë
Court	I Shkurtër
Doux	Butë
Épais	E Trashë
Frisé	Kaçurrel
Gris	Gry
Long	Gjatë
Marron	Kafe
Mince	I Hollë
Noir	E Zezë
Ondulé	Me Onde
Sain	I Shëndetshëm
Sec	Thatë
Tressé	Endur

Vacances #2
Pushimet Numër 2

Aéroport	Aeroport
Camping	Kamping
Carte	Hartë
Destination	Destinacioni
Étranger	I Huaj
Hôtel	Hotel
Île	Ishull
Loisir	Koha e Lirë
Mer	Det
Passeport	Pasaportë
Photos	Fotografitë
Plage	Plazh
Restaurant	Restorant
Réservations	Rezervimet
Taxi	Taksi
Tente	Çadër
Train	Tren
Transport	Transporti
Visa	Viza
Voyage	Udhëtim

Véhicules
Automjetet

Ambulance	Ambulanca
Avion	Aeroplan
Bateau	Varkë
Bus	Autobus
Camion	Kamion
Caravane	Karvan
Ferry	Traget
Fusée	Raketë
Hélicoptère	Helikopter
Métro	Metro
Moteur	Motor
Navette	Anije
Pneus	Goma
Radeau	Raft
Scooter	Skuter
Sous-Marin	Nëndetëse
Taxi	Taksi
Tracteur	Traktor
Vélo	Biçikletë
Voiture	Makina

Vêtements
Rrobat

Bracelet	Byzylyk
Ceinture	Rrip
Chapeau	Kapelë
Chaussure	Mbath
Chemise	Këmishë
Chemisier	Bluzë
Collier	Gjerdan
Foulard	Shall
Gants	Doreza
Jeans	Xhins
Jupe	Skaj
Manteau	Pallto
Mode	Moda
Pantalon	Pantallona
Pull	Triko
Pyjama	Pizhama
Robe	Veshje
Sandales	Sandale
Tablier	Platformë
Veste	Xhaketë

Ville
Qyteti

Aéroport	Aeroport
Banque	Bankë
Boulangerie	Furke
Café	Kafe
Cinéma	Kinema
Clinique	Klinika
École	Shkolla
Fleuriste	Luleshitës
Galerie	Galeri
Hôtel	Hotel
Librairie	Librari
Marché	Tregu
Musée	Muze
Pharmacie	Farmaci
Restaurant	Restorant
Salon	Sallon
Stade	Stadiumi
Supermarché	Supermarket
Théâtre	Teatri
Université	Universiteti

Félicitations

Vous avez réussi !

Nous espérons que vous avez apprécié ce livre autant que nous avons pris plaisir à le concevoir. Nous faisons de notre mieux pour créer des livres de la meilleure qualité possible.
Cette édition est conçue pour permettre un apprentissage intelligent et de qualité en se divertissant !

Vous avez aimé ce livre ?

Une Simple Demande

Nos livres existent grâce aux avis que vous publiez. Pourriez-vous nous aider en laissant un avis maintenant ?

Voici un lien rapide qui vous mènera à votre page d'évaluation de vos commandes :

BestBooksActivity.com/Avis50

CHALLENGE FINAL !

Défi n°1

Êtes-vous prêt pour votre jeu bonus ? Nous les utilisons tout le temps mais ils ne sont pas si faciles à trouver. Voici les **Synonymes** !

Notez 5 mots que vous avez trouvés dans les puzzles notés ci-dessous (n°21, n°36, n°76) et essayez de trouver 2 synonymes pour chaque mot.

Notez 5 Mots du **Puzzle 21**

Mots	Synonyme 1	Synonyme 2

Notez 5 Mots du **Puzzle 36**

Mots	Synonyme 1	Synonyme 2

Notez 5 Mots du **Puzzle 76**

Mots	Synonyme 1	Synonyme 2

Défi n°2

Maintenant que vous vous êtes échauffé, notez 5 mots que vous avez découverts dans les Puzzles n° 9, n° 17, n° 25 et essayez de trouver 2 antonymes pour chaque mot. Combien pouvez-vous en trouver en 20 minutes ?

Notez 5 Mots du **Puzzle 9**

Mots	Antonyme 1	Antonyme 2

Notez 5 Mots du **Puzzle 17**

Mots	Antonyme 1	Antonyme 2

Notez 5 Mots du **Puzzle 25**

Mots	Antonyme 1	Antonyme 2

Défi n°3

Formidable ! Ce défi final n'est rien pour vous.

Prêt pour le dernier défi ? Choisissez 10 mots que vous avez découverts parmi les différents puzzles et notez-les ci-dessous.

1.	6.
2.	7.
3.	8.
4.	9.
5.	10.

Maintenant, composez un texte en pensant à une personne, un animal ou un lieu que vous aimez !

Astuce: Vous pouvez utiliser la dernière page de ce livre comme brouillon !

Votre Composition :

_____

_____

_____

_____

_____

_____

_____

_____

CARNET DE NOTES :

À TRÈS BIENTÔT !

Toute l'équipe

DECOUVREZ DES JEUX GRATUITS

GO

↓

BESTACTIVITYBOOKS.COM/FREEGAMES